Heidemarie Deutsch

Der Tanzsack geht rum

Spielen, Gestalten und
Darstellen mit dem Tanzsack

Verlag an der Ruhr

Impressum

Titel:	**Der Tanzsack geht rum**
	Spielen, Gestalten und Darstellen mit dem Tanzsack
Autorin:	Heidemarie Deutsch
Fotografien:	Stefan Kuhn
Illustrationen:	Heidemarie Deutsch, Norbert Höveler
Druck:	Druckerei Uwe Nolte, Iserlohn
Verlag:	**Verlag an der Ruhr**
	Alexanderstraße 54 – 45472 Mülheim an der Ruhr
	Postfach 10 22 51 – 45422 Mülheim an der Ruhr
	Tel.: 02 08/439 54 50 – Fax: 02 08/439 54 239
	E-Mail: info@verlagruhr.de
	www.verlagruhr.de

© **Verlag an der Ruhr, 2006**
ISBN **978-3-8346-0096-7**

geeignet für die Altersstufe 6 7 8 9 10 11 12

Gedruckt auf chlorfrei gebleichtes Papier.

Die Schreibweise der Texte folgt der neuesten Fassung der Rechtschreibregeln – gültig seit August 2006.

Alle Vervielfältigungsrechte außerhalb der durch die Gesetzgebung eng gesteckten Grenzen (z.B. für das Fotokopieren) liegen beim Verlag. Der Verlag untersagt ausdrücklich das Speichern und Zur-Verfügung-Stellen dieses Buches oder einzelner Teile davon im Intranet, Internet oder sonstigen elektronischen Medien.
Kein Verleih.

Inhaltsverzeichnis

	Vorwort	6
1	Der Tanzsack – Möglichkeiten und Besonderheiten	9
2	Praktische Hinweise für den Umgang mit dem Tanzsack	15
3	Grundsätzlicher Trainingsaufbau	19
4	Stundenentwürfe	27
5	Wege zur Entwicklung von Tanzsacknummern und Choreografien	45
6	Allgemeines zum Thema Choreografie	63
7	Allgemeines zur Präsentation	71
8	Figuren und Bewegungen	75
9	Bewegungsspiele mit und ohne Tanzsack	85
10	Ideenbörse	111
11	Anhang	123
	Nähanleitung und Pflege von Tanzsäcken	124
	Über die Autorin	127
	Literaturtipps, Bezugsquellen und Internet-Links	128

Vorwort

Kennen Sie Tanzsäcke oder haben Sie Aktionen mit Tanzsäcken schon einmal gesehen? Sicherlich, denn sonst würden Sie sich nicht für dieses Buch interessieren. Was hat Sie am Tanzsack angesprochen? Die lustigen Figuren, die besonderen Bewegungen, die Möglichkeit, mit einfachen Mitteln eine wirkungsvolle Darbietung zu präsentieren oder die pädagogischen Aspekte?

Dieses Buch richtet sich an alle Personen, die in pädagogischen Bereichen und Institutionen, sowie in Sportvereinen tätig sind und sich für die Arbeit mit dem Tanzsack interessieren. Es ist aus der praktischen Arbeit mit Tanzsäcken innerhalb unseres Zirkusprojektes entstanden (Informationen dazu finden Sie auf unserer Internetseite unter *www.schnick-schnack.de*) und gibt unsere Erfahrungen und kreativen Ideen wieder. Zu Anfang unserer Arbeit mit den Tanzsäcken standen wir vor der Frage, wo wir Informationen dazu finden könnten. Leider fanden wir nichts und machten uns frei nach dem Motto „learning by doing" auf den Weg!
Über die Jahre entstand so dieser **Erfahrungsschatz**, der über die Arbeit in unseren Zirkusgruppen hinausreicht:

>> **Im Schulunterricht, im Ganztagsbereich** oder bei **Schulprojekttagen** oder **-wochen** ist der Tanzsack besonders vielseitig einsetzbar. Letztendlich bestimmt der Akteur im Tanzsack, was dargestellt werden soll. Der Vorteil am Tanzsack ist, dass jedes Kind mitmachen kann, denn für den Tanzsack benötigen die Kinder keine besonderen Fähigkeiten und eine lange Übungsphase muss auch nicht stattfinden. Vielmehr entstehen schnell wirkungsvolle Tanzsacknummern, bei denen Kreativität und Spielfreude im Vordergrund stehen.

>> Während der Arbeit mit **sehbehinderten** und **blinden Kindern** machten wir die Erfahrung, dass die Kinder ihr Handicap im Tanzsack nicht als Nachteil erleben. Im Umgang mit dem Tanzsack konnten sie sich ganz auf ihre anderen Sinne verlassen und die Fähigkeiten, die sie zur Bewältigung ihres Alltages benötigten, einsetzen und verfeinern. Darüber hinaus wurde ihr Körpergefühl verbessert, was sich in einer gezielteren und zunehmend ausdrucksstärkeren Umsetzung der Bewegungsabläufe zeigte.

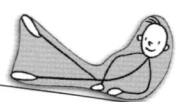

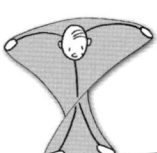

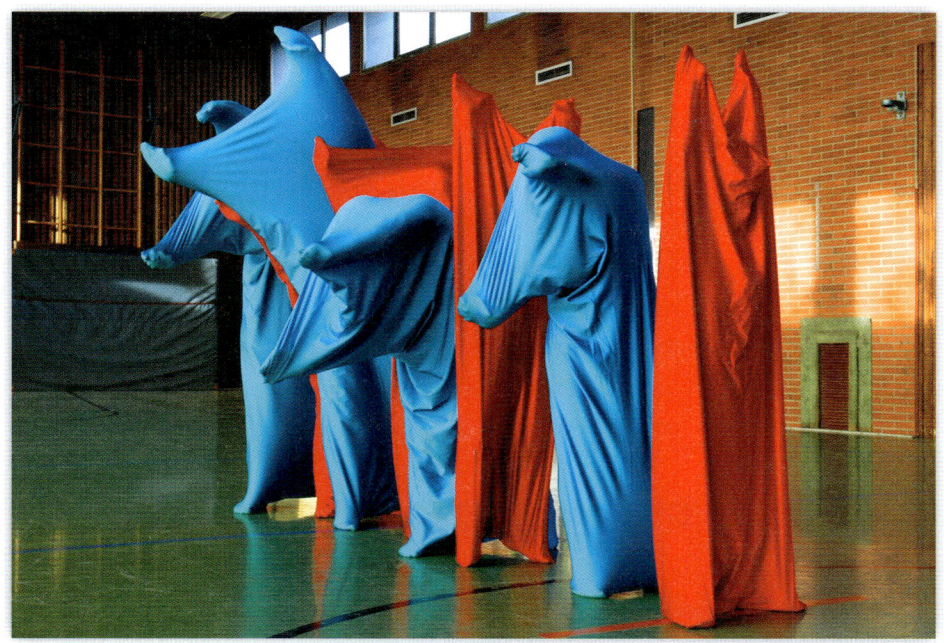

Anfragen an uns zum Thema Tanzsack brachten uns schließlich auf die Idee, diesen Erfahrungsschatz anderen Interessierten in **Buchform** zugänglich zu machen:
In den **ersten drei Kapiteln** des Buches bekommen Sie Einblicke in die Möglichkeiten und Besonderheiten des Tanzsackes sowie Hinweise für den Umgang und Anregungen, wie Sie das Training mit den Tanzsäcken grundsätzlich aufbauen sollten.
Die Stundenentwürfe des **4. Kapitels** wurden mit den unterschiedlichsten Gruppen umgesetzt und haben sich in unserer Arbeit mit Kindern und Jugendlichen bewährt.
Schritt für Schritt wird Ihnen in den **Kapiteln 5 – 7** gezeigt, wie Sie Tanzsacknummern und ganze Choreografien auf die Beine stellen können.
Das **Kapitel 8** stellt Ihnen eine Auswahl an möglichen Figuren und Bewegungsformen mit dem Tanzsack vor.
Kapitel 9 und 10 können Sie nutzen, um Bewegungsspiele und -ideen rund ums Thema Tanzsack kennenzulernen. Hier sind auch allgemeine Auf- und Abwärmspiele für Ihre Gruppe aufgeführt.
Im **Anhang** finden Sie eine Nähanleitung, um eigene Tanzsäcke herzustellen sowie Tipps zur Pflege.

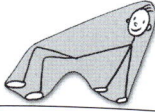

Der Tanzsack geht rum
Spielen, Gestalten und Darstellen mit dem Tanzsack

In unserem Zirkusprojekt arbeiten und trainieren wir seit einigen Jahren mit den Tanzsäcken. Es entstehen wunderschöne, geheimnisvolle Zirkusnummern, die bei Kindern gleichermaßen gut ankommen. Bei Workshops in Schulen sowie bei Seminaren für Lehrerinnen* sind die Tanzsäcke mit dabei. Jedes Mal können wir dann beobachten, dass die Tanzsäcke auf alle die gleiche Wirkung haben: Nach einer anfänglichen Vorsicht – die Tanzsäcke sind für die meisten unbekannt – überwiegen Spaß und Spielfreude. Oft ist es ein so genanntes „AHA- Erlebnis".

Daher mein Rat: Bevor Sie dieses Buch weiterlesen, probieren Sie das Spiel mit dem Tanzsack selber aus! Schlüpfen Sie hinein und erleben Sie die Bewegungen im Tanzsack und das Gefühl „innen" zu sein!

Das Buch soll Anregungen geben, die Möglichkeiten des Spiels mit dem Tanzsack zu entdecken, selber kreativ zu werden, eigene Ideen zu entwickeln und umzusetzen. Dabei wünsche ich Ihnen viel Spaß!

---

* Aus Gründen der besseren Lesbarkeit haben wir in diesem Buch durchgehend die weibliche Form verwendet.
Natürlich sind damit auch immer Männer gemeint, also Lehrer, Gruppenleiter und Erzieher.

Der Tanzsack – Möglichkeiten und Besonderheiten

Der Tanzsack – Möglichkeiten und Besonderheiten

Das **zweckfreie Spiel** mit dem Tanzsack macht viel Spaß und es sind keine besonderen Fähigkeiten oder Fertigkeiten nötig, die zuvor erlernt werden müssten. Das alleine hat für uns schon einen hohen Stellenwert. Denn da, wo wir zweckfrei spielen und experimentieren können, passiert sehr viel in und mit uns. In das Spiel mit dem Tanzsack fließen Elemente aus der kreativen Bewegungserziehung, Sport, Tanz und Zirkuskünsten ein.

Bei **Projekten**, die auf längere Zeit angelegt sind, bietet es sich an, unterschiedliche Fördermöglichkeiten aus den Bereichen Selbstsicherheit, Gleichgewichtssinn, Orientierungs-, Konzentrations- und Koordinationsfähigkeit mit einfließen zu lassen. Dabei kommt es zu einer Wechselwirkung. Zum einen sollten Sie Fertigkeiten und Fähigkeiten trainieren und fördern, damit die Kinder sie im Tanzsack einsetzen können. Zum anderen fördert das Spiel im Tanzsack diese Fertigkeiten und Fähigkeiten. Der Tanzsack ist Motivation (Ausgangsbasis), Motor (gibt allen Aktionen Sinn und Zweck) und Ziel (Präsentation der Ergebnisse). Wichtig ist, dass die Teilnehmer am Spiel mit dem Tanzsack Spaß haben. Es kann vorkommen, dass sich jemand im Tanzsack unwohl fühlt, z.B. stehen Menschen mit Platzangst den Tanzsäcken eher skeptisch gegenüber. In diesen Fällen sollten Sie eine vorsichtige Annäherung mit kurzer Verweildauer im Tanzsack stattfinden lassen. Nach meiner Erfahrung verschwinden in den meisten Fällen die Vorbehalte, wenn die Kinder sich einmal in den Tanzsack gewagt haben. Hier die **wesentlichen Aspekte**, die Sie mit dem Tanzsack erreichen können:

>> **Das Gefühl von Schutz und Sicherheit**
Im Tanzsack ist das Kind „verborgen", es ist „bei sich selbst" und kann ungesehen agieren. Dadurch können innere Blockaden überwunden werden und selbst das eher schüchterne Kind kann in diesem Schutzraum mehr wagen. Hemmungen können abgebaut und neue Erfahrungen zur Stärkung des Selbstvertrauens gemacht werden.

Der Tanzsack – Möglichkeiten und Besonderheiten

>> **Das Wechselspiel von „Innen und Außen"**
Es ist möglich, innerhalb und außerhalb des Tanzsackes zu sein. Dabei können die Kinder unterschiedliche Erfahrungen mit dem Gefühl des im Verborgenen und im Sichtbaren zu sein und zu agieren sammeln.

>> **Die hohe Bedeutung von Körperspannung und -entspannung**
Im Tanzsack spielen Körperspannung und -entspannung eine große Rolle. Mit dem Körper wird auch der Tanzsack gespannt oder entspannt und unterstützt ein bewusstes Erleben dieser Gegenpole.

>> **Die Aktivierung weiterer Sinne**
Im Tanzsack tritt das Sehen zu Gunsten anderer Sinne zurück. Das Hören und Spüren treten bei der Orientierung im Raum und innerhalb der Gruppe in den Vordergrund. Das Gleichgewichtsgefühl ist eng mit dem Sehen verbunden. Da, wo unsere Sicht eingeschränkt ist, werden wir auch unsicherer, unseren festen Stand zu finden. Der Tanzsack schränkt unsere Sicht zwar ein, fördert aber gleichzeitig das Gleichgewicht ohne die Haltepunkte, die das Auge sonst in der Umgebung finden kann.

>> **Die Förderung der Kopplungsfähigkeit**
Die Kopplungsfähigkeit benötigen die Kinder, um Teilbewegungen verschiedener Körperteile auf ein bestimmtes Handlungsziel hin ausgerichtet zu kombinieren. Der Umgang mit dem Tanzsack fördert das Zusammenspiel der Bewegungen, denn das Kind im Tanzsack sieht sich immer wieder vor der Fragestellung: *Wie müssen meine Bewegungsabläufe aussehen, damit der Zuschauer versteht, was mit dem Tanzsack dargestellt werden soll?*

  Der Tanzsack geht rum
Spielen, Gestalten und Darstellen mit dem Tanzsack

>> **Das Sammeln neuer Körper- und Bewegungserfahrungen**

Die Bewegungen im Tanzsack können bewusster erlebt werden. Jede Bewegung findet ihre Begrenzung oder auch Begleitung durch den Stoff des Tanzsackes. Mal setzt der Stoff einer Bewegung Grenzen, weil die Elastizität des Stoffes ausgereizt ist. Mal fühlen sich die einzelnen Bewegungen intensiver an, weil der Stoff sich eng um einzelne Körperteile schmiegt.

>> **Die Hilfe zum lustvollen Umgang mit dem eigenen Körper**

Der Tanzsack kann eine Hilfe zum lustvollen Umgang mit dem Körper und seinen Ausdrucksformen sein. Durch die „Schutzhülle", die der Tanzsack bietet, und eine damit verbundene Anonymität können Hemmungen überwunden werden. In diesem „Schutzraum" kann das Kind sich ausprobieren, Neues wagen und den eigenen Körper neu spüren.

>> **Die Förderung des Ausdrucks von Gefühlen**

Auch hier spielt der „Sichtschutz", den der Tanzsack bietet, eine ausschlaggebende Rolle. Im geschützten Bereich kann das Kind seinen Gefühlen Ausdruck verleihen.

>> **Die Förderung der Experimentierfreude**

Der Tanzsack ist nicht auf eine feste Form festgelegt. Im Gegenteil: Die Bewegungen und Figuren, die mit ihm dargestellt werden können, wirken überraschend und neu. Es entstehen immer neue Bilder. Das regt zum Weiterspielen und Experimentieren an.

❱❱ Mit einfachen Mitteln große Wirkung erzielen

Der Tanzsack ist ein einfaches Requisit. Er passt in jede Tasche, braucht keine aufwändigen Vorbereitungen und ist unkompliziert in der Anwendung. Er ist eigentlich nur ein Stück Stoff. Aber in dem Moment, in dem ein Kind in den Tanzsack steigt, ist er nicht mehr zu übersehen. Egal, ob einzeln oder mit mehreren: Form und Farbe wirken und es lassen sich schöne Tanzsacknummern damit entwickeln.

Praktische Hinweise für den Umgang mit dem Tanzsack

Praktische Hinweise für den Umgang mit dem Tanzsack

Der Raum

Schauen Sie sich vor der Arbeit mit den Tanzsäcken den Raum auf folgende Punkte hin an:

>> Der Fußboden, in dem jeweiligen Trainingsraum darf nicht zu glatt sein, da der Tanzsackstoff die Rutschgefahr noch verstärkt. Hier empfiehlt es sich, dass Sie es vorher einmal selbst ausprobieren, um mögliche Gefahren zu erkennen. Sollten Sie feststellen, dass Ihnen nur ein sehr rutschiger Raum zur Verfügung steht, können die Kinder zusätzlich Gymnastikschuhe verwenden (siehe Fotos S. 121 „Tanzsäcke mal mit Hut und Schuhen").

>> Beseitigen Sie mögliche Stolperfallen und räumen Sie herumstehende Gegenstände zur Seite.

Die Kinder

Weisen Sie die Kinder zu Beginn auf folgende Punkte hin:

>> Vorsicht Rutschgefahr!
>> Nehmt aufeinander Rücksicht, da eure Sicht im Tanzsack begrenzt ist, und es schnell zu Zusammenstößen kommen kann.
>> Tragt keine Schuhe *im* Tanzsack.
>> Tragt im Tanzsack eng anliegendes und leichtes Sportzeug.

Für das An- und Ausziehen ist es hilfreich, Paare zu bilden, die sich gegenseitig helfen!

Praktische Hinweise für den Umgang mit dem Tanzsack

Hinweise für die Lehrerin oder Trainerin

Zeigen Sie den Kindern zu Anfang das An- und Ausziehen der Tanzsäcke. Das verkürzt im späteren Verlauf die Vorbereitungszeit und verlängert die eigentliche Übungsphase. Kinder im Grundschulalter sollten das Anziehen aus der Sitzposition beginnen:
Die Kinder stellen ihre Füße in den Tanzsack. Dabei müssen sie darauf achten, dass sie mit den Füßen bis in die Ecken hineingehen. Nun stellt sich das Kind hin und beugt den Oberkörper vor, sodass der Tanzsack hoch- und über den Kopf gezogen werden kann. Schließen Sie zum Schluss den Reißverschluss, der sich immer am Rücken des Kindes befinden sollte. Das Ausziehen geschieht in umgekehrter Reihenfolge.
Bei Jugendlichen kann das Anziehen auch im Stehen beginnen. Die Übenden sollten dabei aber immer auf einen sicheren Stand achten.

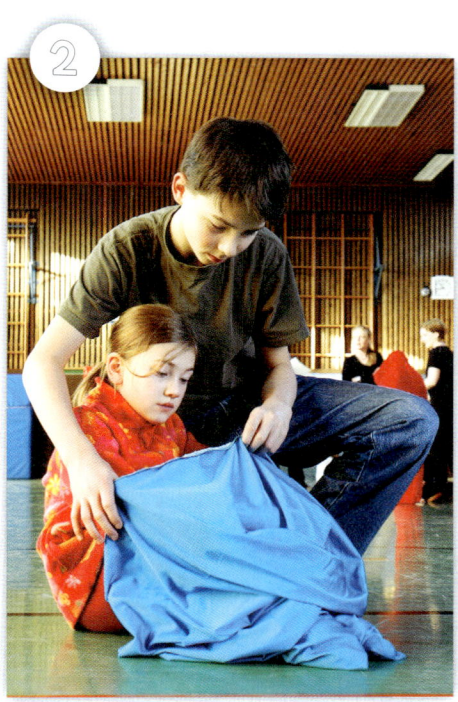 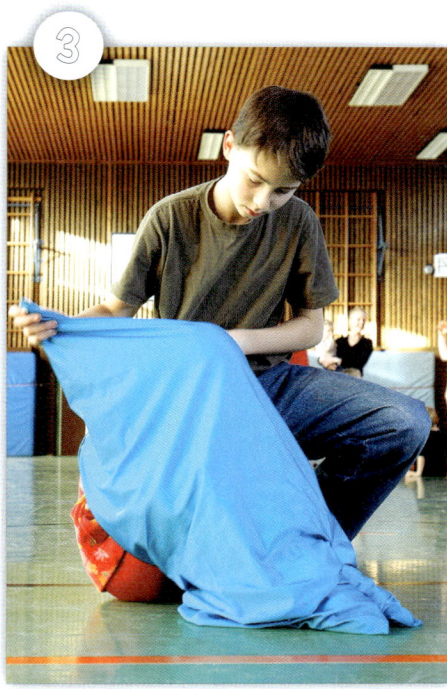

Der Tanzsack geht rum
Spielen, Gestalten und Darstellen mit dem Tanzsack

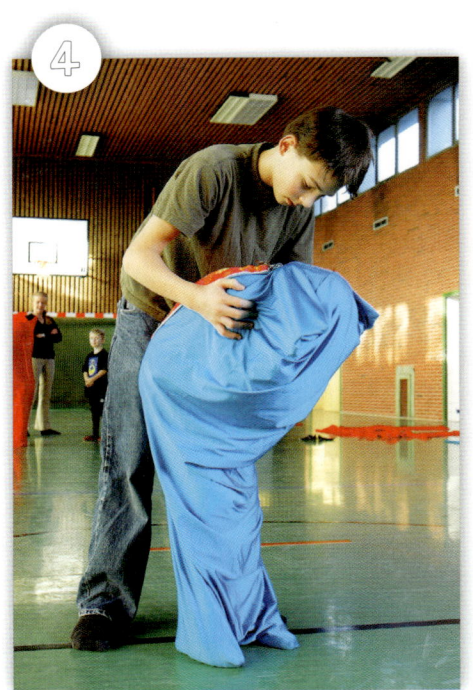
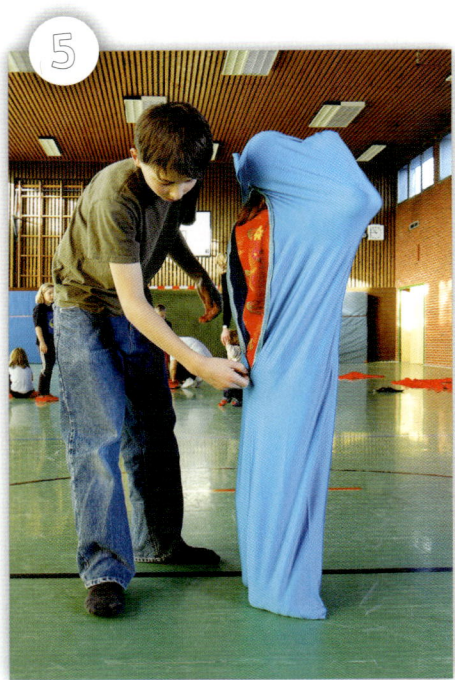

3

Grundsätzlicher Trainingsaufbau

Grundsätzlicher Trainingsaufbau

Wenn Sie sich dafür entschieden haben, den Tanzsack im Unterricht oder in Ihrer Gruppe einzusetzen, hilft Ihnen die folgende Tabelle dabei, das Training systematisch zu gestalten. Dieser Trainingsaufbau bezieht sich auf die Entwicklung einer Tanzsacknummer, kann aber auch für Stundenentwürfe (siehe S. 27 ff.) mit anderen Zielen genutzt werden. Je nach Zielsetzung können Sie auch einzelne Phasen weglassen.

Phase	Zielsetzung	Umsetzungsbeispiele
Einstimmung	Die Einstimmungsphase ist die Zeit, in der die Gruppe innerlich und äußerlich „ankommen" kann. Hier sollte die Gruppe Gelegenheit haben, sich rundum zu bewegen und sich spielerisch auf das anstehende Thema oder die Trainingseinheit einzustimmen. Spiel und Bewegungsfreude stehen deshalb im Vordergrund. Gleichzeitig werden verschiedene Bereiche, die auch für das Spiel im Tanzsack wichtig sind, in spielerischer Form eingeübt und gefördert.	Bieten Sie den Kindern unterschiedliche Bewegungsspiele an: • Laufspiele • Fangspiele • Wurfspiele Oder führen Sie Spiele und Übungen durch, die bestimmte Fähigkeiten schulen: • Körperspannung • Kopplungsfähigkeit • Reaktionsfähigkeit • Orientierungsfähigkeit Es ist sinnvoll, sich auf einen Fähigkeitsbereich zu konzentrieren. Viele Spiele berühren gleichzeitig mehrere Bereiche und fördern die Kinder in vielfältiger Form.
Entwicklung	In der Entwicklungsphase liegt der Schwerpunkt auf dem Ausprobieren und Experimentieren. Je nach Gruppensituation sollten die Anweisungen und Aufgaben so weit wie möglich (z.B. Fortbewegungsarten im Tanzsack ausprobieren) und so eng wie nötig (z.B. drei Bewegungen im Liegen entwickeln) angelegt sein.	Geben Sie den Kindern unterschiedliche Bewegungsanweisungen und -aufgaben: • unterschiedliche Möglichkeiten des Gehens und Laufens ausprobieren • Bewegungsmöglichkeiten im Stehen, Sitzen und Liegen ausprobieren • Statuen bauen

Grundsätzlicher Trainingsaufbau

	Ist das Ziel der Trainingseinheit eine Präsentation, sollte sich die Gruppe diesbezüglich am Ende auf eine festgelegte Anzahl von Bewegungen und Figuren einigen. Zur besseren Orientierung ist es hilfreich, wenn jede Bewegung bzw. Figur einen Namen bekommt.	*Partneraufgaben* Jeweils zwei Teilnehmer erhalten einen Tanzsack. Abwechselnd probieren sie die unterschiedlichen Bewegungen und Figuren im Tanzsack aus. Dabei gibt der Teilnehmer, der nicht im Tanzsack ist, Rückmeldung und Hilfestellung. Hierbei legen sie die Figuren und Bewegungen und passende Namen fest.
Choreografie	In dieser Phase entsteht aus den einzelnen Bewegungen und Figuren nun ein Ganzes.	Dazu finden Sie Näheres im Kapitel 5: „Wege zur Entwicklung von Tanzsacknummern und Choreografien".
Abschluss	In der Abschlussphase erhält die Gruppe die Möglichkeit, die gemeinsame Zeit und die darin gesammelten Erfahrungen ausklingen zu lassen. Je nach Verlauf der Trainingseinheit kann der Abschluss unterschiedlich gestaltet sein.	Der Abschluss der Trainingseinheit kann aus den einzelnen oder allen angegebenen Teilen gebildet werden: • Reflexion der Trainingseinheit in Form eines Gruppengespräches • unterschiedliche Bewegungsspiele zum Abwärmen • Entspannungsübungen

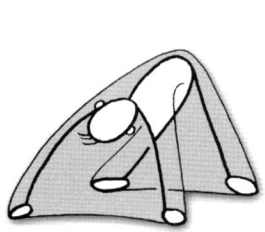 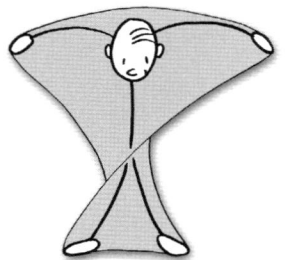 

Praktische Vorgehensweisen im Training

Freies Experimentieren

Gerade Tanzsäcke laden zum Experimentieren und Ausprobieren ein. Für die Kinder im Tanzsack geht es dabei vorrangig darum, den elastischen Stoff zu spüren und sich damit auszuprobieren. Für die Kinder, die zuschauen, geht es um neue Eindrücke und Bilder, die sie sammeln können.

Bei aller Freiheit braucht das Experimentieren feste Verhaltensregeln, um Unfälle (z.B. Zusammenstöße) zu vermeiden. Die Sicht im Tanzsack ist begrenzt! Bei unserer Arbeit hat sich die Partnerarbeit bewährt. Das Kind, das nicht im Tanzsack ist, sorgt für die Sicherheit des übenden Kindes.

Partnerübungen

Die Paare, die sich zu Anfang für das Anziehen des Tanzsacks bilden, können auch bei den Bewegungsaufgaben und Bewegungsanregungen zusammenarbeiten. Das hat den Vorteil, dass alle gleichermaßen in das Trainingsgeschehen eingebunden sind und keine langen Wartezeiten entstehen.

Bei den Partnerübungen spielt die Kommunikation eine wichtige Rolle. Das Kind im Tanzsack erhält durch seinen Partner eine direkte Rückmeldung über das, was es macht. So können einzelne Bewegungen und Figuren klarer herausgearbeitet und verstärkt werden. Je nach Alter der Kinder sollten Sie die Partnerübungen stärker oder weniger stark lenken.

Namen für Bewegungen und Figuren

Jede Bewegung und Figur braucht einen Namen. Entweder geben Sie sie vor oder Sie entwickeln sie gemeinsam mit der Gruppe. Für das weitere Training sind die feststehenden Namen hilfreich. Die Bewegungen und Figuren prägen sich mit den dazugehörigen Namen besser ein. Bei Anweisungen ist es für Sie leichter, den jeweiligen Namen zu nennen, ohne weitere Erklärungen geben zu müssen.

Wie könnten diese Figuren heißen?

1

2

1

2

Figuren und Bewegungen trainieren

Um die einzelnen Figuren und Bewegungen kennenzulernen, sollten die Kinder sie zu Beginn ohne Tanzsack einüben. So können alle die entsprechenden Körperhaltungen und Bewegungsabläufe sehen. Umgekehrt können Sie Fehlstellungen sofort erkennen und korrigieren. Erst wenn die Kinder die Figuren und Bewegungen beherrschen, kann im Tanzsack weitertrainiert werden. Das Gleiche gilt auch für das Trainieren der gesamten Choreografie.

Gegenseitiges präsentieren

Da die Kinder im Tanzsack wenig sehen, ist es sinnvoll, sich einzelne Teile oder die gesamte Choreografie gegenseitig mit jeweils einem Teil der Gruppe zu zeigen.
So bekommen die Kinder einen Eindruck von der Darbietung und entwickeln ein besseres Verständnis für die Abläufe.

Filmen und fotografieren

Wenn die Möglichkeit besteht, sollten Sie Filmaufnahmen oder Fotos von den Aktionen in den Tanzsäcken oder auch der ganzen Tanzsacknummern machen. Wie bei dem gegenseitigen Präsentieren gewinnen die Kinder einen Eindruck von dem, was sie tun und welche Wirkung das Ganze hat. Aber es ist natürlich etwas anderes, wenn die Kinder sich selber in Aktion sehen.
Deshalb wirken solche Aufnahmen auch immer wieder motivierend und können in entscheidenden Phasen der Nummernentwicklung eingesetzt werden.

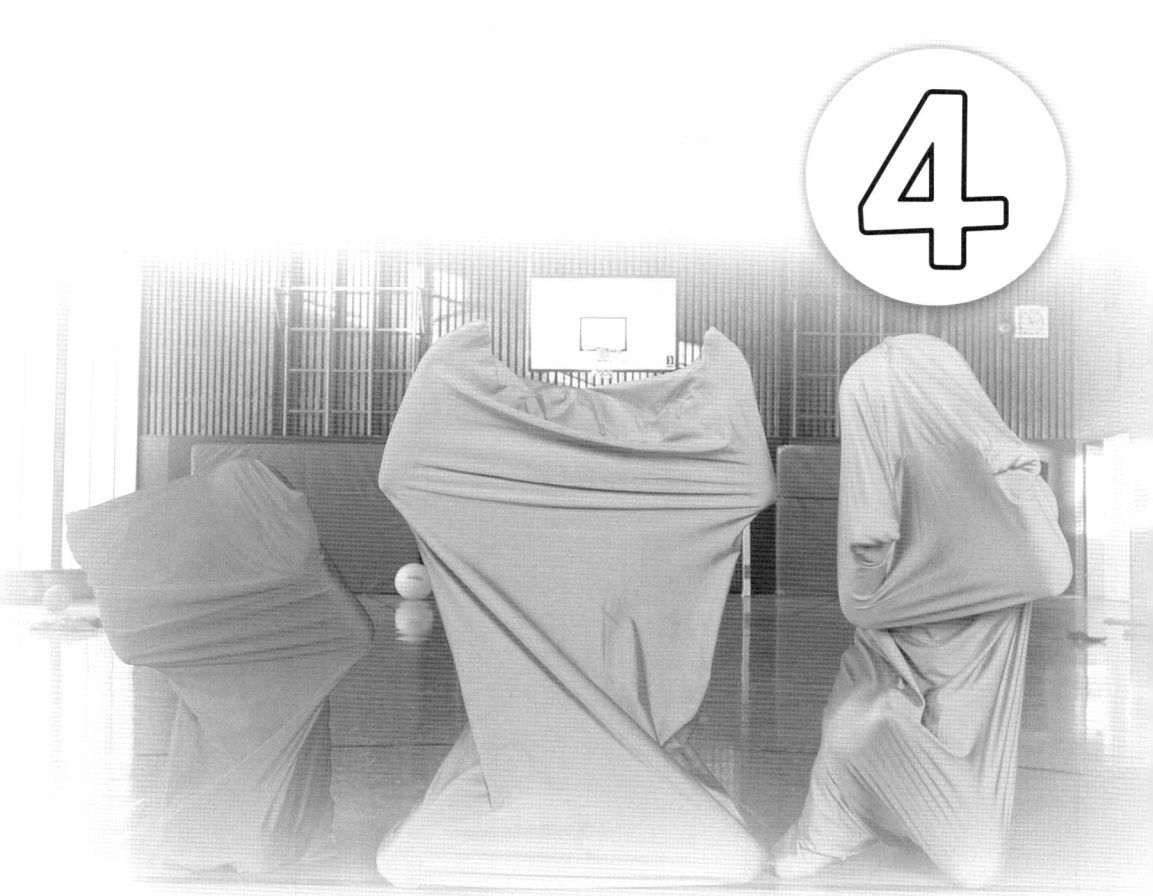

Stundenentwürfe

Stundenentwürfe

Die Stundenentwürfe sind für Kinder ab dem Grundschulalter geeignet und können beliebig variiert werden. Sie sind als Anregung für die praktische Arbeit zu verstehen. Jede Gruppe ist anders und ich möchte Sie dazu ermutigen, die Stundenentwürfe als Grundmuster zu nehmen, die Sie entsprechend Ihrer Ziele und den Bedürfnissen der Gruppe umstellen und verändern können. Die Spiele und Bewegungsaktionen sind in den Stundenentwürfen nicht näher ausgeführt. Eine detaillierte Beschreibung der Spiele finden Sie jeweils auf den Spiel-Karten (S. 85–109).

Kopieren Sie die Spiel-Karten und schneiden Sie sie aus. Auf diese Weise können Sie sich die Karten als Eselsbrücke mit in die Turnhalle nehmen!

In der **Einstimmungsphase** können Sie die Lieblingsspiele oder Anfangsrituale Ihrer Gruppe einbauen. Vielleicht haben Sie Ideen, wie Sie die Spiele Ihrem jeweiligen Ziel anpassen und entsprechend umgestalten können? Sie können aber auch die Anregungen aus meinem Stundenentwurf übernehmen. Dabei werden Sie merken, dass ich auch bekannte Spiele umbenannt und meinen Zielen entsprechend verändert habe.
In der **Entwicklungsphase** geht es um das Spiel mit dem Tanzsack zu unterschiedlichen Themenschwerpunkten. Hier sammeln die Kinder Erfahrungen mit dem Tanzsack, erproben sich in ihren Ausdrucksformen und gewinnen Sicherheit im Umgang mit dem Material.
Beim **Aufbau einer Tanzsacknummer** bilden die Phasen „Entwicklung" und „Choreografie" eine Einheit. Die Entwicklungsphase ist dabei zielgerichtet auf die Nummer, die entstehen soll. Hier werden Figuren und Bewegungen festgelegt, die in der Choreografiephase zu einem Ganzen zusammengefügt werden.

Eine Skulptur formen

Wahrnehmung von Muskelanspannung und -entspannung
(Figuren formen und geformt werden)

- Tanzsäcke
- evtl. 2 Rhythmusinstrumente

- ca. 60 Minuten

Einstimmung

>> **Laufspiel:**
Zu Beginn spielen Sie mit der Gruppe das Spiel „Skulpturenjäger" (siehe S. 91).
Die Gruppe bekommt so die Möglichkeit, sich ausgiebig zu bewegen und gleichzeitig mit Bewegung und Stillstand zu spielen.

>> **Bewegungsaktion:** „Sekundenversteinerung" (siehe S. 98)
Hier werden die Impulse aus dem Anfangsspiel vertieft.

Entwicklung

>> **Spiel im Tanzsack:** „Sich rütteln und schütteln" (siehe S. 102)
Mit diesem Spiel trainieren die Kinder, ihren Körper nach Ihren Anweisungen an- und zu entspannen. Zum Abschluss dieser Aktion sollen sich die Kinder eigene Haltungen für die „Erstarrungsphase" ausdenken. Je nachdem, wie viele Ideen von den Kindern kommen, sind hier auch Wiederholungen möglich. Danach werden die Tanzsäcke ausgezogen. Es folgt eine kurze Austauschrunde über die Erfahrungen im Tanzsack.

>> **Spiel im Tanzsack:** Partnerübung – „Der Künstler und seine Skulptur" (siehe S. 102)
Bei diesem Spiel ist es hilfreich, eine Zeitspanne vorzugeben, damit das Formen zügiger und gezielter durchgeführt wird!

Abschluss

>> **Laufspiel:** „Feuer, Erde, Wasser, Luft" (siehe S. 92)

Spielszene Luftballon

Förderung der Körperspannung und der Kopplungsfähigkeit

- Hut für den Zauberer
- Tanzsäcke
- Turnmatten
- Jongliertücher

- ca. 90 Minuten

Einstimmung

>> **Bewegungsspiel:**
Mit der Gruppe spielen Sie das Spiel „Zauberlehrling" (siehe S. 87), da der Zauberlehrling besonders gut Menschen in Tiere verwandeln kann. Klären Sie zuvor in einem kurzen Gespräch, welche Tiere den Kindern bekannt sind, und ob sie wissen, wie diese sich bewegen. Die Spieldauer können Sie beliebig gestalten.

>> **Bewegungsaktionen:**
1. „Baumstammheben" (siehe S. 99), 2. „Baumstammrollen" (siehe S. 98)
Mit diesen beiden Übungen trainieren die Kinder ihre Ganzkörperspannung. Durch die gemeinsame Arbeit wird gegenseitige Rücksichtnahme gefördert!

Entwicklung

>> **Spiel im Tanzsack:** „Das Luftballonspiel" (siehe S. 107)
Bei dieser Partnerübung ist das Zusammenspiel der Kinder wichtig.

 Bei kleineren Kindern empfiehlt es sich, wirklich einen Luftballon aufzublasen. Dabei können sie genau beobachten, was passiert und bekommen eine klare Vorstellung von der Aufgabenstellung!

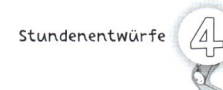

Nun können Sie Varianten des Luftballonspiels anschließen:

>> **Spiel im Tanzsack:** „Experimentieren mit Luftballons" (siehe S. 108)
Bei diesem Spiel wird die Spielidee vom Luftballonspiel aufgegriffen. Hierbei ist Kreativität und Experimentierfreude gefragt.

>> **Spiel im Tanzsack:** „Wir machen alles zusammen!" (siehe S. 108)
In der gesamten Gruppe können die Kinder außerhalb des Tanzsackes die Wirkung der Bewegungen genau beobachten und Tipps zur synchronen Ausführung sammeln und geben.

Abschluss

>> **Laufspiel:** Tuchräuber (siehe S. 92)

Spiel mit synchronen Bewegungen

- Förderung der Körperwahrnehmung
- Förderung differenzierter Bewegungen
- Förderung der Beobachtungsgabe

- CD mit unterschiedlichen Musikstücken
- Gymnastikreifen
- Tanzsäcke

- ca. 60 Minuten

Einstimmung

>> **Musik-Spiel:** „Begrüßungsrituale" (siehe S. 94)

Dieses Spiel eignet sich besonders gut, um einzelne Körperteil-Namen zu lernen, vorsichtig einem Mitspieler gegenüberzutreten und auf dessen Bewegungen zu reagieren.

>> **Bewegungsaktion:**

„Der Schattenlauf" (siehe S. 100)

Bei diesem Spiel ist es wichtig, dass sich der Vorangehende nicht zu schnell bewegt und keine zusätzlichen Bewegungen macht!

Entwicklung

>> **Bewegungsaktion:** „Der Spiegel" (siehe S. 99)

Bei Tanzsackchoreografien ist die synchrone Ausführung der Bewegungen (auch gegengleiches Ausführen) eine Möglichkeit. Mit diesem Spiel können Sie diese Fähigkeit mit den Kindern trainieren.

>> **Spiel im Tanzsack:** „Synchrontänzer" (siehe S. 104)

Aus der vorangegangenen Aktion wählen die Kinder drei Bewegungen aus und wiederholen sie gemeinsam in Verbindung mit Geräuschen. Das hilft ihnen bei der Orientierung, wenn sie sich später im Tanzsack nicht sehen können. Um die einzelnen Bewegungen miteinander zu verbinden, sollen die Kinder zu jeder folgenden Bewegung eine einfache Überleitung entwickeln.

Lassen Sie die Paare zum Schluss gegenseitig ihren Synchrontanz präsentieren. Auf diese Weise bekommen die Kinder ein Gespür für die richtige Ausführung der Übung und können sich gegenseitig Verbesserungsvorschläge machen.

Abschluss

>> **Laufspiel:** Mauseloch (siehe S. 93)

Viele Bewegungsebenen
(Erarbeitung einer Präsentation)

- Förderung des gezielten Einsatzes von Bewegungen
- Förderung der Reaktionsfähigkeit
- Förderung des Rhythmusgefühles
- Förderung der Orientierungsfähigkeit

- verschiedene Instrumente
  (z.B. Klanghölzer, Triangel, Flöte)
- Tanzsäcke

- ca. 120 Minuten

Einstimmung

>> **Bewegungsspiel:** „Dreierbild" (siehe S. 86)
Auf die Bewegungen des Partners achten, gemeinsam eine Bewegung ausführen – das sind wichtige Fähigkeiten, die die Kinder für eine Tanzsackpräsentation lernen müssen. Eine besondere Herausforderung stellt nun die Herstellung eines gemeinsamen Gruppenbildes dar. Hier ist gegenseitige Rücksichtnahme genauso gefragt wie schnelle Reaktion und Orientierungsfähigkeit.

>> **Bewegungsaktion:** „Tief – Mittel – Hoch" (siehe S. 97)
Lassen Sie die Kinder mit den drei Bewegungsebenen experimentieren und mit und ohne Tanzsack ausprobieren, welche Figuren und Bewegungen in den einzelnen Ebenen möglich sind. Wie viele verschiedene Möglichkeiten finden sie?

Tiefe Bewegungsebene

Mittlere Bewegungsebene

Hohe Bewegungsebene

Entwicklung

>> **Bewegungsaktion:** „Wenn der Ton erklingt" (siehe S. 96)

Hier müssen die Kinder auf das jeweilige Instrument reagieren und die entsprechende Bewegungsebene einnehmen. Die Übung ist gut geeignet, um später auf Begleitmusik achten zu können.

>> **Spiel im Tanzsack:** „Folge dem Ton" (siehe S. 101)
Hier wird die Bewegungsidee des vorherigen Spiel aufgegriffen. Diesmal müssen sich die Kinder ganz auf ihr Gehör verlassen.

 *Achten Sie darauf, dass die Kinder nicht zu dicht beieinander stehen, damit sie sich nicht behindern oder verletzen!*

Choreografie

(Im Kapitel 5 finden Sie zu diesem Stundenentwurf auch eine fertige Choreografie, siehe S. 52/53).

>> **Planungsphase**
Verbinden Sie die beiden Aktionen „Wenn der Ton erklingt" und „Folge dem Ton" nun miteinander und lassen Sie sie abwechselnd zum Einsatz kommen. Aus der Aktion „Wenn der Ton erklingt" nehmen Sie die Körperstellungen mit den dazugehörigen Bewegungsebenen und Instrumenten.
Entwickeln Sie mit der Gruppe zusammen die Aufstellungen (siehe S. 67) für die einzelnen Bewegungsebenen. Dabei sollte jede Ebene einen anderen Platz im Raum haben. Um den Weg von einem Platz zum nächsten zu entwickeln, gibt es noch einmal eine Experimentierphase. Die Kinder probieren nun aus, wie sie von einer Bewegungsebene in die andere kommen und mit welchen Fortbewegungen sie die Orte wechseln können.

Halten Sie die besten Ideen für die Choreografie fest. Das Instrument, das zur nachfolgenden Körperstellung gehört, gibt auch die Signale für den Weg. Mit unterschiedlichen Rhythmen unterstützt es die Fortbewegungen und setzt einen klaren Akzent (z.B. durch lauter oder leiser werden) zum Anhalten. Die Instrumente können von Ihnen gespielt werden. Vielleicht hat aber auch ein Kind Spaß daran, diese Rolle zu übernehmen.

Halten Sie den Ablauf der Choreografie und die Rollenverteilung schriftlich fest, damit Sie bei der Trainingsphase darauf zurückgreifen können und eine Gedächtnisstütze bei der Präsentation haben!

›› Trainingsphase

Üben Sie nun mit den Kindern schrittweise die Choreografie ohne Tanzsäcke, bis die Kinder die Abläufe sicher durchführen können. Danach setzen Sie das Training in den Tanzsäcken fort. Auch hier ist es sinnvoll, schrittweise die einzelnen Teile der Choreografie nacheinander einzuüben.

Planen Sie das Herauskommen aus den Tanzsäcken und das Verbeugen der Gruppe vor dem Publikum mit ein und üben es genauso wie die Choreografie!

Abschluss

Den Abschluss bildet in diesem Fall die Generalprobe. Die Präsentation wird einmal komplett durchgeführt.

Die Generalprobe sollte, wenn möglich, an dem Ort der späteren Aufführung stattfinden, damit die Gruppe den Raum, die Akustik, Bodenbeschaffenheit etc. kennenlernt und sich darauf einstellen kann!

Das Spiel mit Fortbewegung und Musik

- Fortbewegungsmöglichkeiten im Tanzsack entwickeln
- Förderung des Rhythmusgefühls
- Förderung der Orientierungsfähigkeit

- CD-Player
- CD mit abwechslungsreichen Musikstücken
  z.B. „Der Karneval der Tiere"/„Der Nussknacker",
  von Saint-Saéns, C./Tschaikowski, P. I.
- Tanzsäcke

- ca. 90 Minuten

Einstimmung

>> **Musik-Spiel:** „Let's dance" (siehe S. 94)
Suchen Sie für diese Aktion Musikstücke mit unterschiedlichen Geschwindigkeiten und Rhythmen aus. Ordnen Sie diese in der Reihenfolge, in der Sie mit der Gruppe vorgehen möchten. Dabei sollten Sie beachten, ob Ihre Gruppe einen sanften Einstieg (ruhige Musikstücke) oder einen dynamischen Einstieg (schnelle Musik) braucht.

Entwicklung

>> **Spiel im Tanzsack:** „Tanzsack, beweg dich" (siehe S. 103)
Bei diesem Spiel können die Kinder sich gegenseitig beobachten und dabei sehen, ob und wie einzelne Bewegungen im Tanzsack wirken.

Geben Sie den Paaren anschließend die Möglichkeit, einige ihrer Fortbewegungen der Gesamtgruppe zu zeigen.

>> **Spiel im Tanzsack:** „Der Tanzsacktanz" (siehe S. 105)
Nach Musik (z.B. „Der Karneval der Tiere") sollen die Kinder eine Abfolge von unterschiedlichen Fortbewegungen entwickeln und miteinander einüben. So trainieren sie, auf die Musik zu achten und auch ein Gespür dafür zu bekommen, welche Bewegungen mit der Musik harmonieren.

Neben synchronen Fortbewegungen ist es auch möglich, dass die Kinder sich abwechselnd bewegen. Wenn die Gruppe in der Ausführung der Bewegungen sicher ist, wird das Ganze in den Tanzsäcken umgesetzt.

Abschluss

›› Die Präsentation

Schaffen Sie einen äußeren Rahmen, z.B. durch eine Raumaufteilung in Bühne und Zuschauerraum, für die nun abschließende Präsentation, bei der die Kleingruppen sich gegenseitig ihre Ergebnisse zeigen.

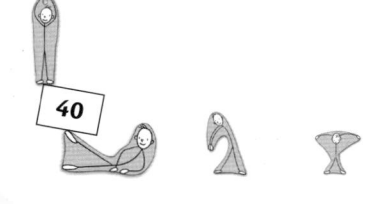

Spielerisches Umsetzen einer Geschichte

- Bewegungssprache entwickeln
- Bewegungsbilder entwickeln
- Förderung der Kreativität und Spielfreude

- Tanzsäcke

- ca. 60 Minuten

Einstimmung

>> **Bewegungsspiel:** „Bewegungsreise" (siehe S. 90)
Mit diesem Spiel trainieren die Kinder, eine Geschichte oder Handlung in Bewegungen umzusetzen bzw. so darzustellen, dass der Zuschauer sich darunter etwas vorstellen kann.

Entwicklung

Führen Sie mit der Gruppe zu Anfang ein Gespräch über Bäume. Fragen Sie nach, welche Baumarten die Kinder kennen, und lassen Sie sie mit der entsprechenden Körperhaltung darstellen. Ergänzend zum Gespräch können Sie auch Fotos mit unterschiedlichen Bäumen zeigen. Wichtig ist, dass die Kinder die verschiedenen Formen der Bäume kennen lernen und mit einer entsprechenden Körperhaltung klar darstellen können. Je nach Gruppengröße gehen nun mehrere Kinder in die Tanzsäcke und stellen darin eine Baumart dar. Die Kinder außerhalb der Tanzsäcke geben Tipps und Verbesserungsvorschläge. Danach wird gewechselt.

Tipp
Bei der Darstellung von Bäumen wird der Tanzsack um die Körpermitte gedreht, vgl. Zeichnung S. 42. Zuerst stecken die Hände und Füße in den jeweiligen Ecken, wie bei der Figur „Wand". Nun wechseln die Hände die oberen Ecken und drehen so den Tanzsack um die Körpermitte. Die Beine werden dicht nebeneinandergestellt, ohne aus den unteren Ecken zu gehen. Mit den Armen wird nun die Krone gebildet!

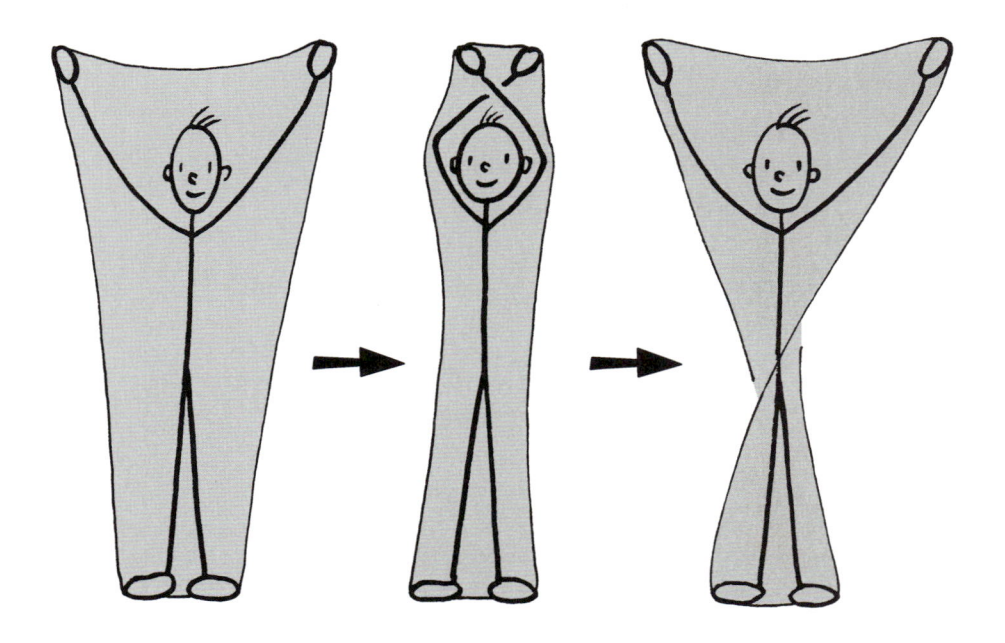

Auf den Seiten 81–83 finden Sie Vorschläge zur Darstellung verschiedener Baumarten.

>> **Spiel im Tanzsack:** „Eine Baumgeschichte" (siehe S. 106)
Für diese Geschichte gehen alle Kinder in die Tanzsäcke und stellen sich so auf, dass sie sich bei den Bewegungen nicht behindern.
Die Kinder setzen eine von Ihnen erzählte Baumgeschichte in Bewegung um.
Achten Sie darauf, dass die Geschichte viele Bewegungsanlässe enthält.

Frühling

Sommer

Herbst

Winter

Abschluss

Da die Kinder bei dieser Stunde viel zuhören und das Gehörte umsetzen sollten, lassen Sie nun ein Fangspiel folgen:

>> **Laufspiel:** A – Fangen (siehe S. 93)

44

5

Wege zur Entwicklung von Tanzsacknummern und Choreografien

Wege zur Entwicklung von Tanzsacknummern und Choreografien

In diesem Kapitel finden Sie verschiedene Choreografien, die von mir auf unterschiedlichen Wegen entwickelt wurden. Damit Sie sich hier zurechtfinden, zuvor noch ein paar kurze Erläuterungen. Die Zeichnungen für die Positionen (vgl. Tabelle S. 48–60) sind so angelegt, dass die obere Linie des Feldes den Hintergrund bzw. den Vorhang darstellt. Je nach Bühnen können die anderen drei Linien oder nur die untere Linie für den Zuschauerraum stehen. Der Einfachheit halber sind bei den Positionen immer Zeichnungen eingefügt, auch wenn es keine Veränderung dabei gibt. Zeichenerklärungen zu den Tabellen auf Seite 48–51, 59–60:

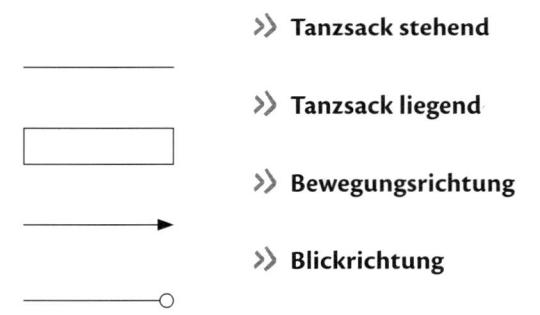

>> **Tanzsack stehend**

>> **Tanzsack liegend**

>> **Bewegungsrichtung**

>> **Blickrichtung**

Auf Seite 61 finden Sie eine Kopiervorlage, um Ihren eigenen Choreografie-Plan zu erstellen.

Choreografien über ein Musikstück entwickeln

Sie beginnen damit, sich zunächst das Musikstück anzuhören und sich damit vertraut zu machen. Je nach Altersstruktur Ihrer Gruppe kann das auch mit den Kindern gemeinsam geschehen. Achten Sie erst einmal auf das musikalische Thema und die Stimmung. Welche Gefühle und Bilder löst die Musik bei Ihnen oder bei den Kindern aus? Hört sie sich nach einer rasenden Elefantenherde oder nach einem verträumten Tanz am Abend an? So entstehen schon die ersten Ideen für die Bewegungen im Tanzsack. Sammeln Sie diese Ideen, z.B. indem die Kinder zu der Musik Bilder malen.

Entwickeln Sie daraus konkrete Figuren und Bewegungen. Das können Sie schon gleich mit den Tanzsäcken ausprobieren!

Im weiteren Verlauf hören Sie sich die Musik wieder an. Diesmal im Hinblick auf ihre Gliederung (Anfang, Mitte, Schluss), den Rhythmus, den melodischen und dynamischen Verlauf und evtl. auf die Takteinteilung. Damit haben Sie ein Grundgerüst für die Zuordnung der Figuren und die Einteilung sowie die Dauer der Bewegungen.

Zum Schluss geht es um die Frage des Raumes. Überlegen Sie, wie die Figuren mit ihren Bewegungen am besten zur Geltung kommen und welche Wege wie zurückgelegt werden sollen.

Tipp: *Denken Sie bei der Planung der Choreografie immer daran, wo später das Publikum sitzt. Berücksichtigen Sie dies bei allen Figuren und Bewegungen und leiten Sie das Üben der Tanzsacknummer aus dem Blickwinkel der Zuschauer!*

Die Schritte noch einmal in Kurzform:

1.
- >> **Musik anhören:**
  - musikalisches Thema
  - Stimmung
- >> **Tanzsack einbinden:**
  - Figuren / Bewegungsabläufe entwickeln

2.
- >> **Musik anhören:**
  - Rhythmus
  - melodischer und dynamischer Verlauf
  - Takteinteilung
  - Gliederung
- >> **Tanzsack einbinden:**
  - Figuren und Bewegungen der Musik zuordnen

3.
- >> **Choreografie entwickeln:**
  - Raumnutzung
  - Raumwege
  - Ausrichtung der Tanzsacknummer (Publikum)

Choreografien ausgehend von einer Musik

Für diese Choreografie habe ich das Lied 8 („In Dulci Jubilo") von der CD „Elements – The best of Mike Oldfield" verwendet.

Musik – Zeiteinteilung/Szene	Positionen	Figur/ Bewegung (siehe auch S. 75–83)
00:00 – 00:04 min.		
00:04 – 00:20 min.		1. Gruppe: Figur „**Wand**" » aufrecht im Takt gehen
00:20 – 00:35 min.		2. Gruppe: Figur „**Wand**" » aufrecht im Takt gehen
00:35 – 00:51 min.		Die folgenden Figuren / Bewegungen werden von allen gleichzeitig ausgeführt: Figur „**Wand**" » um die eigene Körperachse drehen
00:51 – 01:08 min.		Alle: Figur „**Elefant**" » zur Seite ausgerichtet stehen, den „Rüssel" hin- und herschwingen
01:08 – 01:24 min.		Alle: Figur „**Wackelnde Wand**" » nach vorne ausgerichtet stehen, in den jeweiligen Reihen versetzt hin- und herpendeln
01:24 – 01:41 min.		Alle: Figur „**Beinschere**" » mit den Füßen nach außen liegen, Beine kreuzen abwechselnd

Wege zur Entwicklung von Tanzsacknummern und Choreografien

01:41 – 01:58 min.		Alle: Figur **„Wand"** >> einzeln in den Reihen von hinten nach vorne aufstehen, sich zu der jeweiligen Außenseite ausgerichtet hinstellen
01:58 – 02:13 min.		Alle: Figur **„Hänger"** >> sich vorneübergebeugt schütteln und dann in der jeweiligen Position erstarren
02:13 – 02:46 min.		Alle: Figur **„Wand"** >> sich nach vorne ausgerichtet in eine Reihe stellen, im Takt eine Runde durch den Raum gehen, dann die Bühne verlassen

Eine Choreografie zu unterschiedlichen Musikausschnitten

Für diese Choreografie habe ich Ausschnitte aus dem Konzert „Für Flöte und Orchester (D-Dur Op 10)" von Vivaldi zusammengefügt.

Musik – Zeiteinteilung/Szene	Positionen	Figur/Bewegung (siehe auch S. 75–83)
Klingelzeichen		>> Aufführung beginnt, der Vorhang geht auf
1. Musikabschnitt 00:00 – 00:30 min.	Diese Position bleibt bis kurz vor Schluss bestehen!	Alle: Figur **„Hänger"** >> in zwei Reihen nebeneinander losgehen (3 x 4 Schritte), dabei vorneübergebeugt, Arme schlenkern hin und her, nach den Schritten in dieser Haltung stehenbleiben

49

Der Tanzsack geht rum
Spielen, Gestalten und Darstellen mit dem Tanzsack

2. Musikabschnitt: 02:05 – 03:00 min. Achtung: Bei 02:20 min. die Musik kurz stoppen	— — — — — —	Alle: Von Figur **„Hänger"** zur Figur **„Wand"** » alle rütteln und schütteln sich und kommen dabei in eine aufrecht stehende Haltung, Hände dazu nach und nach hochrecken, bis die Musik ihren Höhepunkt erreicht hat Bei Musikstopp: Figur **„Stein"** » alle lassen sich ganz schnell in die Hocke fallen und kauern sich zusammen
Erneuter Musikbeginn: 02:20 – 03:00 min.	— — — — — —	Figur **„Mönch"** » alle kommen wieder hoch hoch und nehmen die Mönchsfigur ein, dabei um die eigene Achse trippeln Alle: Von Figur **„Mönch"** zur Figur **„Wackelnde Wand"** » nach vorne ausgerichtet stehenbleiben, Arme zur Seite nehmen und hin- und herpendeln
Klingelzeichen		» alle bleiben still stehen
3. Musikabschnitt: 00:30 – 01:00 min. Diesen Abschnitt 3x für die 3 Figuren wiederholen!	— — — — — —	Alle: Figur **„Schmetterling"** » sich rütteln und schütteln, danach hinknien und in die Schmetterlingsfigur gehen, danach langsam zusammenkauern und ruhig in dieser Position bleiben

	— — — — — —	Alle: Figur **„Statue"** » alle erfinden selbst eine Figur, in der sie eine Zeit lang verharren, danach langsam wieder zusammenkauern und in dieser Position bleiben Alle: Figur **„Vogel"** » Figur langsam aufbauen, danach wieder langsam zusammenkauern
Klingelzeichen		» alle bleiben still stehen
4. Musikabschnitt: 00:00 – 00:30 min.	｜ ｜ ｜ ｜ o—｜ ｜—o ｜ ｜ ｜ ｜ Die Kinder bleiben auf ihren Positionen und drehen sich nach außen.	Alle: Figur **„Hänger"** » im Takt der Musik die Arme hin- und herschwenken (wie zu Anfang) Alle: Figur **„Gesicht"** » alle drehen sich an ihrer Seite jeweils nach außen zum Publikum und nehmen die Figur „Wand" ein, danach Hände nach hinten strecken und das Gesicht durch den Stoff drücken

Eine Choreografie über einen experimentellen Ansatz entwickeln

Die Grundlage für diesen Weg ist das anfängliche freie Experimentieren. Im Stundenentwurf „Viele Bewegungsebenen" Seite 34 ist eine mögliche Vorgehensweise beschrieben. Sie können auch Materialien aus dem Zirkus- oder Sportbereich (Bälle, Jongliertücher, Reifen etc.) oder Alltagsgegenstände (Zeitungen, Stühle etc.) in die Gruppe geben.

Die Schritte noch einmal in Kurzform:

1) ›› Experimentierphase:
- Aufgabenstellungen geben, für die Kinder kreative Lösung finden (z.B. Formen der Begegnung zwischen den Tanzsäcken entwickeln)
- weitere Materialien (Alltagsgegenstände, Bälle, Turngeräte) hinzunehmen

2) ›› Entwicklungsphase:
- Ergebnisse aus der Experimentierphase auswählen und ordnen, evtl. Musik/Instrumente hinzunehmen

3) ›› Choreografie entwickeln:
- Raumnutzung (Raumwege)
- Ausrichtung der Tanzsacknummer (Publikum)

In der folgenden Tabelle finden Sie eine fertige, von mir erprobte Choreografie. Für diese Choreografie sollten drei Kinder ohne Tanzsack bleiben, da sie die Instrumente (Triangel, Klangstäbe, Handtrommel) spielen müssen. Sie stehen während der Choreografie an den äußeren Rändern des Raumes (Bühne, Manege).

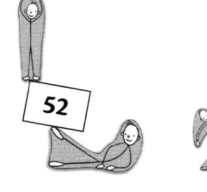

Eine Choreografie mit experimentellem Ansatz

Musik – Zeiteinteilung/Szene	Positionen	Figur/Bewegung (siehe auch S. 75–83)
1. Ausgangsposition: Triangel – langsame, gleichmäßige Schläge		Alle: Figur „Wackelnde Wand": » im Wiegeschritt im Takt der Triangel gehen alle auf das Instrument zu
2. Hohe Bewegungsebene: Triangel – stoppt, danach leise, schnelle Schläge		Alle: Figur „Rakete" » stehen bleiben
3. Bewegungsübergang: Triangel – stoppt, danach sind Klangstäbe zu hören – laute, schnelle Schläge		Alle: Figur „Löwe" » nacheinander in den Vierfüßlerstand gehen, sich im Pulk auf das Instrument zubewegen
4. Tiefe Bewegungsebene: Klangstäbe – stoppen, danach schlagen eines beliebigen Taktes		Alle: Figur „Beinschere" » sich auf die Seite legen, mit den Köpfen zueinander

5. Bewegungs-übergang: Klangstäbe – stoppen, danach ist Handtrommel zu hören – langsame, einzelne Schläge		Alle: Figur **„Berg"** » flach auf dem Bauch liegen, danach aufrichten zur Figur „Berg", dann auf die Handtrommel zuhüpfen (Füße und Hände gleichzeitig abstoßen)
6. Mittlere Bewegungsebene: Handtrommel – stoppt, danach leichte, schnelle Schläge mit den Fingern		Alle: Figur **„Schmetterling"** » die Arme in Höhe der Körpermitte heben und sich paarweise zusammenstellen. Die Figur „Schmetterling" zu zweit ausführen
7. Abschluss: Alle Instrumente erklingen, auf ein Signal hin verstummen sie alle		Alle bewegen sich auf unterschiedlichen Bewegungsebenen, kreuz und quer durch den Raum. Danach erstarren alle in ihrer jeweiligen Haltung.

Choreografien über eine Geschichte, Handlung oder über ein Thema entwickeln

Wie die Überschrift schon sagt, entwickeln Sie hierbei eine Tanzsacknummer an Hand einer Geschichte. Dazu können Sie eine fertige Geschichte (Märchen etc.) nehmen und diese für die Tanzsäcke entsprechend verändern oder mit den Kindern gemeinsam eine Geschichte (z.B. zu einem bestimmten Thema) entwickeln. Dabei ist es nicht das Ziel, mit den Tanzsäcken ein Theaterstück zu spielen, sondern mit den Tanzsäcken eine neue, eher abstrakte Ausdrucksform zu finden.

Die Geschichte bildet mit ihrem Anfang, der Mitte und dem Schluss den Rahmen. Die Handlung mit ihrem Spannungsbogen und den unterschiedlichen Rollen ist die Vorgabe für die Aktionen im Tanzsack. Überlegen Sie mit der Gruppe, welche Rollen in der Geschichte vorkommen und wie diese in den Tanzsäcken dargestellt werden könnten. Diese Entwicklung der Rollen und der Handlung können Sie gut mit der Gruppe angehen, indem die Kinder anfangen, in den Tanzsäcken zu spielen und so die einzelnen Charaktere, Handlungen und Bewegungen in der Bewegungssprache der Tanzsäcke herauszuarbeiten.

Der Stundenentwurf „Spielerisches Umsetzen einer Geschichte" (siehe S. 41) zeigt Ihnen, wie Sie mit der Annäherung an die Geschichte beginnen können. Für eine Tanzsacknummer, die einem Publikum präsentiert werden soll, müssten Sie im nächsten Schritt die Handlung und die Bewegung der Bäume festlegen und mit der Gruppe einüben.

Zum Abschluss sollten Sie überlegen, ob Sie Musik oder Geräusche mit hinzunehmen. Die Musik kann z.B. den atmosphärischen Hintergrund bilden oder die Handlung unterstützen. Dazu könnten Sie die Musik entsprechend der Dramaturgie aussuchen und einsetzen.

Das Gleiche gilt für Geräusche, die Sie einspielen oder die die Kinder in den Tanzsäcken selber erzeugen. Mit der Choreografie „Die Zauberstunde" (siehe S. 56–58) liegt Ihnen ein entsprechendes Beispiel vor.

Die Schritte noch einmal in Kurzform:

1 ≫ **Handlungsablauf festlegen:**
  - Anfang, Mitte, Schluss
  - Spannungsbogen
  - Rollenverteilung

2 ≫ **Tanzsack einbauen:**
  - Figuren / Bewegungsabläufe
  - spielerischer Ausdruck
  - abstrakte Formen

3 ≫ **Musik:**
  - Hintergrundmusik
  - Handlung unterstützend / tragend
  - Akzente setzen
  - Überleitungen schaffen

Choreografien über eine Geschichte

Bei diesem Beispiel liegt eine einfache Geschichte zu Grunde: Ein Zauberer übt sich im Zaubern und lässt Dinge lebendig werden. Als er müde wird und sich schlafen legt, werden die Dinge um ihn herum, ohne seine Zauberkraft, lebendig. Als Hintergrundmusik habe ich die Filmmusik von dem Film „Chocolat" (Lied 2, 3, 5, 6 oder 7 – je nach Handlung) laufen lassen.

Tipp: Das Kind, das den Zauberer spielt, hat eine kleine Glocke, mit der es zaubert. Durch das Klingeln der Glocke wissen die Kinder in den Tanzsäcken, wie sie reagieren sollen!

Musik – Zeiteinteilung/Szene	Positionen	Figur/Bewegung (siehe auch S. 75–83)
1. Szene: Die Bühne ist noch dunkel. Die Tanzsäcke legen sich zusammengekauert auf den Boden.	1. Gruppe 2. Gruppe 3. Gruppe 4. Gruppe	4 Gruppen: Figur „**Stein**"
2. Szene: Der Zauberer kommt, lässt die Glocke klingeln und das Licht und die Musik gehen an.	1. Gruppe 2. Gruppe 3. Gruppe 4. Gruppe	

3. Szene: Der Zauberer geht um die Tanzsäcke herum und schaut sie sich an. Nacheinander verzaubert er die einzelnen Tanzsackgruppen. Die jeweilige Gruppe baut ihre Figur auf, bewegt sich auf ihrer Position und erstarrt in ihrer Haltung. Die Glocke gibt dazu die Signale.	*1. Gruppe 2. Gruppe* *3. Gruppe 4. Gruppe*	1. Gruppe: Figur **„Berg"**, dabei hüpfen auf der Stelle 2. Gruppe: Figur **„Wand"**, wechseln zwischen Ausgangsposition und Kreis 3. Gruppe: Figur **„Rakete"**, richten sich auf, fallen in sich zusammen und richten sich wieder auf 4. Gruppe: Figur **„Beinschere"**, in ständiger Bewegung
4. Szene: Wie ein Dirigent lässt der Zauberer nun die Gruppen abwechseln oder gleichzeitig sich bewegen. Zum Schluss erstarren alle in ihrer Bewegung.		
5. Szene: Der Zauberer zaubert und alle Tanzsäcke nehmen die gleiche Haltung ein.		Alle: Figur **„Wand"** » einen Kreis um den Zauberer bilden
6. Szene: Der Zauberer dirigiert und lässt sie einen Tanz ausführen.		Alle: Figur **„Wand"** » durch abwechselndes Öffnen und Schließen der Hände und Füße seitwärtsgehen. Nach dem jeweils 4. Schritt dreht sich jeder Tanzsack um die eigene Achse

		Das Ganze wiederholt sich 4x. Bei der letzten Drehung bleiben die Tanzsäcke mit dem Gesicht nach außen stehen und nehmen die Figur **„Gesicht"** ein.
7. Szene: Der Zauberer geht um den Kreis herum und schaut sich sein Werk an. Dann legt er sich in den Kreis und schläft.		
8. Szene: Während der Zauberer schläft, werden die Figuren lebendig.		›› alle machen unterschiedliche Figuren und Fortbewegungen durch den Raum
9. Szene: Der Zauberer bewegt sich im Schlaf und dabei klingelt die Glocke.		›› alle stellen sich wieder im Kreis auf, aber diesmal beugen sie sich über den Zauberer
10. Szene: Der Zauberer wacht auf und wundert sich. Mit einem Klingeln zaubert er die Tanzsäcke wieder in die Position „Wand".		›› alle: Figur **„Wand"**
11. Szene: Mit einem weiteren Klingeln löscht er das Licht, stoppt die Musik und geht ab.		

Eine Choreografie ausgehend von einer vertonten Geschichte

Für diese Choreografie habe ich Ausschnitte aus „Der Karneval der Tiere" von Saint-Saëns gewählt. Die Musik besteht aus einzelnen „Tier-Abschnitten". Begleitend zu der Musik wird die Geschichte erzählt. Sie können überlegen, ob Sie den gesprochenen Text mit dazunehmen oder ihn ausblenden und/oder durch einen eigenen Text ersetzen.
Für diese Choreografie habe ich die Musikabschnitte folgender Tiere verwendet:
1. Löwe, 2. Esel, 3. Elefant, 4. Schleierschwänze und 5. die Abschlussparade.
Je nach Gruppengröße können die einzelnen Tierarten mit einer unterschiedlichen Anzahl von Kindern dargestellt werden.

Musik – Zeiteinteilung/Szene	Positionen	Figur/Bewegung (siehe auch S. 75–83)
1. Szene: Musikabschnitt „Löwe" mit dem dazugehörigen Text beginnt. Der Löwe kommt mit seinem Rudel herein.		1. Gruppe: Figur „**Löwe**" ›› Löwe geht majestätisch vor seinem Rudel her
2. Szene: Alle Löwen stellen sich in der Mitte auf und heben die Vorderpfoten.		›› Löwenpyramide: Die hinteren Löwen stützen sich auf das Becken der vorderen Löwen auf.
3. Szene: Löwen gehen zu ihrem Liegeplatz		Die Löwen bilden Paare und gehen so zu ihrem Liegeplatz. Alle Löwen liegen, auf den Ellenbogen aufgestützt, in Bauchlage nebeneinander.
4. Szene: Musikabschnitt „Esel"		2. Gruppe: Figur „**Esel**" ›› Die Esel galoppieren kreuz und quer über die Bühne und gehen dann wieder ab.

5. Szene: Musikabschnitt „Elefant"		3. Gruppe: Figur **„Elefant"** » Die Elefanten kommen langsam, mit schweren Bewegungen herein. Sie stellen sich auf ihren Platz: Hier schwenken sie ihren Rüssel hin und her, drehen sich um die eigene Achse, heben den Rüssel und gehen ab.
6. Szene: Musikabschnitt „Schleierschwänze"		4. Gruppe: Figur **„Schleierschwanz"** » Die Schleierschwänze rollen auf die Bühne und bleiben paarweise nebeneinander auf ihren Plätzen liegen, danach führen sie fließende Bewegungen der Beinschere und des Schleierschwanzes aus. Dann rollen sie so zusammen, dass die Köpfe in der Mitte liegen. Hier führen sie die Bewegung des „Schleierschwanz" synchron aus und bleiben liegen.
7. Szene: Musikabschnitt „Schlussparade"		Alle Gruppen: **„Löwen", „Esel", „Elefant", „Schleierschwanz"**. » Die Löwen erheben sich und gehen eine große Runde. Ihnen folgen nacheinander alle Tiergruppen. Zum Schluss rollen die Schleierschwänze auf geradem Weg von der Bühne.

Kopiervorlage für einen Choreografie-Plan

Thema: _____

Musik: _____

Anzahl der Mitwirkenden: _____

Szene/Musik	Positionen	Figur/Bewegung

62

6

Allgemeines zum Thema Choreografie

Allgemeines zum Thema Choreografie

Eine Choreografie ist die künstlerische Gestaltung und die Festlegung der Schritte, Formen und Bewegungen einer Darbietung. Folgende Aspekte sind dabei wichtig:

1. Bewegungsrichtung

(In welche Richtungen bewegt sich der Körper?)

- Vorwärts – rückwärts
- aufwärts – abwärts
- links – rechts, seitwärts
- diagonal

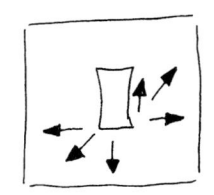

2. Bewegungsebene

(In welcher Höhe bewegt sich der Körper?)

- tief (auf dem Boden)
- mittel – (in Höhe der Körpermitte)
- hoch (in die Höhe ausgerichtete Bewegungen)

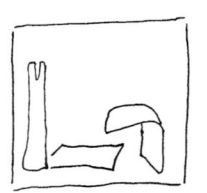

3. Bewegungsausmaß

(Welchen Raum nehmen die Bewegungen ein?)

- weit – eng
- groß – klein
- breit – schmal

4. Bewegungsweg

(In welcher Form werden die Wege im Raum zurückgelegt?)

- gradlinig
- geschlängelt
- zick-zack
- in sich geschlossen (z.B. Kreise)

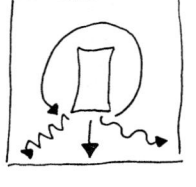

5. Aufstellungsformen im Raum

(In welcher Aufstellung steht und agiert die Gruppe? – siehe S. 67)

>> geometrische Formen
>> Reihen
>> Linien

6. Bewegungsgeschwindigkeit / Dynamik

(Mit welcher Geschwindigkeit werden Bewegungen ausgeführt?)

>> schnell
>> langsam
>> verschiedene Rhythmen

7. Möglichkeiten choreografischer Variationen

a) Gleicher Raumweg

gleiche Bewegungsmotive 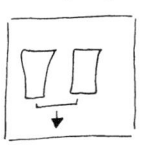   unterschiedliche Bewegungsmotive

b) Verschiedene Raumwege

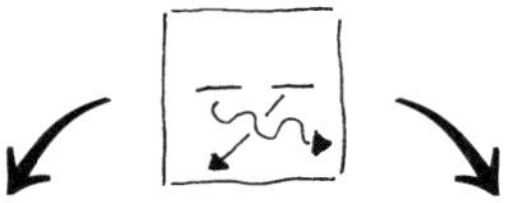

gleiche Bewegungsmotive    unterschiedliche Bewegungsmotive

c) Bewegungseinsätze

>> Die Gruppe bewegt sich gleichzeitig.

>> Die Gruppe bewegt sich in kanonartigen Einsätzen.

>> Die Gruppe ist in Kleingruppen eingeteilt, die sich abwechselnd bewegen.

>> Ein Einzelner bewegt sich im Wechselspiel mit der Gruppe.

>> Jeder Einzelne in der Gruppe bewegt sich anders.

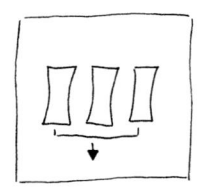

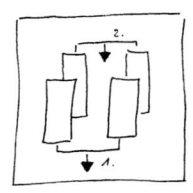

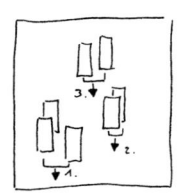

d) Positionen

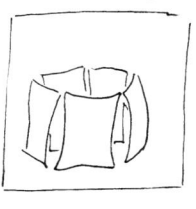

>> hintereinander

>> kreisförmig

>> versetzt

>> Gruppenweise hintereinander

>> schräg versetzt

>> v-förmig

>> zick-zack

>> hintereinander im Dreieck

>> offen

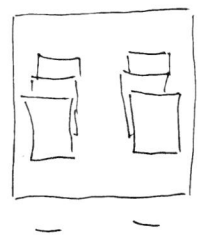

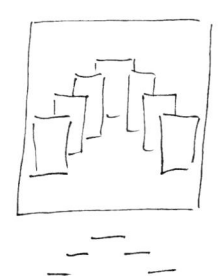

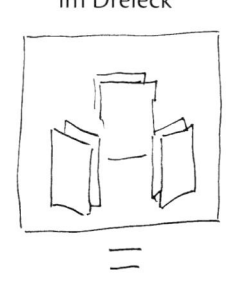

8. Musik

Auch wenn Sie die Tanzsacknummer nicht über ein Musikstück entwickeln, spielt die Musik eine Rolle. Diesmal aber nicht als richtungweisendes, sondern als unterstützendes Element. Handlungen, Geschichten und Präsentationen aus experimentellen Ansätzen können Sie mit Hilfe der Musik hervorheben und in ihrer Wirkung verstärken. Mit Musik können Sie unterschiedliche Stimmungen und Atmosphären erzeugen. Sie können auch Pausen überbrücken oder einfach einen Geräuschhintergrund entstehen lassen. Neben dem Einsatz von Musikkassetten und CDs ist es auch möglich, dass Sie „live" musizieren.

Dazu einige **Anregungen**:

>> Vielleicht haben Sie Kontakte zu einer Musikschule oder zu Musikern: eine Musikgruppe oder ein Chor könnte die Tanzsacknummer musikalisch begleiten!
>> Die Kinder im Tanzsack erzeugen mit ihren Stimmen, rhythmischem Klatschen oder Stampfen der Füße eigene Geräusche.

Je nach Gruppe können Sie entscheiden, ob Sie die Musik für die Tanzsacknummer mit den beteiligten Kindern gemeinsam auswählen. Dabei ist die Musik für eine Tanzsacknummer nicht auf eine bestimmte Musikrichtung festgelegt. Ob Klassik, Jazz, Pop, Filmmusik, Zirkusmusik oder anderes, entscheidend ist, was zu der Nummer passt! Und letztendlich spielen Ihre musikalischen Vorlieben und die der Gruppe auch immer eine Rolle!

Checkliste für den Musikeinsatz bei einer Präsentation

Mit der nachfolgenden Checkliste können Sie den Einsatz der Musik bei der Tanzsacknummer planen. Sie kann Ihnen als Erinnerungshilfe bei den Proben und demjenigen, der bei der Präsentation die Musikanlage bedient, als Handlungsanweisung und Gedächtnisstütze dienen:

Checkliste

Titel der CD: _____

Track Nr.: _____

Die Musik beginnt,
- ❯❯ bevor die Tanzsäcke die Bühne betreten ☐
- ❯❯ wenn die Tanzsäcke auf die Bühne kommen ☐
- ❯❯ wenn die Tanzsäcke bereits auf der Bühne sind ☐

und Folgendes passiert:
_____
_____
_____

Musikaufteilung während der Tanzsacknummer
- ❯❯ unterbrechen ☐
- ❯❯ ausblenden ☐
- ❯❯ leiser werden ☐

An folgender Stelle oder Stellen:
_____
_____
_____

Musik endet an der Stelle
- ❯❯ wenn die Gruppe die Bühne verlässt ☐
- ❯❯ wenn Folgendes passiert:

_____
_____
_____

- ❯❯ Zeitangabe Musikende
  Unterbrechen nach _____ min.
  Ausblenden nach _____ min.

Sonstige Anmerkungen
_____
_____
_____

70

7

Allgemeines zur Präsentation

Allgemeines zur Präsentation

Die Präsentation ist die Darbietung vor einem Publikum. Im Hinblick auf dieses Ziel sollten Sie folgende Punkte beachten:

1. Raumaufteilung

Planen Sie die Entwicklung einer Tanzsacknummer aus dem Blickwinkel des späteren Publikums und richten Sie die einzelnen Figuren und Bewegungen entsprechend aus. Bei den Proben können Sie das Stück z.B. mit einer Kamera aufzeichnen, damit die Kinder sich die Aufnahme quasi aus Sicht der Zuschauer anschauen können. Hierbei merken sie schnell, was wirkt und was nicht!
Häufig ist der Trainingsraum nicht identisch mit dem Raum, in dem die Präsentation stattfindet. Deshalb schauen Sie sich den Raum oder die Bühne an, auf der die Tanzsacknummer gezeigt wird, und achten Sie dabei auf folgende Punkte:

>> Wo sitzt das Publikum?
>> Wie groß und wie hoch ist der Raum?
>> Hat der Boden Unebenheiten oder ist er glatt?
>> Wie groß ist der Abstand zum Publikum?
>> Gibt es einen Vorhang?
>> Wie ist die Bühne oder der Ort für die Präsentation begrenzt (z.B. durch Wände, Kanten)?
>> Ist die Bühne höher als der Zuschauerraum und besteht die Gefahr, dass die Kinder am Bühnenrand herunterfallen können? (In diesem Fall müssen Sie eine Begrenzung schaffen!)

2. Das Hereinkommen und der Abgang

Beachten Sie, dass das Hereinkommen und der Abgang mit zur Präsentation gehören. Sie sind Bestandteil der Tanzsacknummer und sollten mit geübt werden! Da die Kinder während der Präsentation im Tanzsack für das Publikum unsichtbar sind, sollten Sie überlegen, ob und wie sie zum Schluss sichtbar werden. So kann zum Abschluss der Präsentation die Gruppe vor dem Publikum aus den Tanzsäcken herauskommen oder sie gehen hinter den Vorhang, ziehen die Tanzsäcke aus und

Allgemeines zur Präsentation

kommen dann noch einmal zum Verbeugen vor das Publikum. In beiden Fällen sind Helfer wichtig, um die Reißverschlüsse zügig zu öffnen, damit die Unterbrechung nicht zu lang wird. Damit auch die Verbeugung gut beim Publikum ankommt, sollte die Gruppe dies beim Einüben der Präsentation lernen. Hierbei geht es um Körperhaltung, den Blick zum Publikum, die Mimik, Stimmung und Ausstrahlung!

Ein Beispiel für ein Schlussbild

Der Tanzsack geht rum
Spielen, Gestalten und Darstellen mit dem Tanzsack

3. Orientierung

Das Positionieren der einzelnen Kinder zu Anfang der Nummer kann auch zu einem festen Bestandteil werden. Jüngere Kinder brauchen da eher konkrete Hilfen als ältere. Am einfachsten ist es, wenn jeder einen festen Platz hat, auf dem er bleibt. Bewegungen im und durch den Raum fordern ein hohes Maß an Orientierungsfähigkeit.

In Grundschulgruppen könnten Sie z.B. Seile mit in den Nummernanfang einbauen. Die Kinder stehen in einer Reihe und halten sich in gleichmäßigen Abständen (zuvor mit Knoten markiert) mit einer Hand an einem Seil fest und werden so in die Manege geführt. Auf ein Signal hin lassen alle das Seil los und beginnen mit der Nummer.

4. Technische Unterstützung

Wenn Sie die Möglichkeit dazu haben, sollten Soundeffekte und Lichteffekte die Tanzsacknummer abrunden. Sie können die Kinder bei ihrer Darbietung eindrucksvoll unterstützen.

8

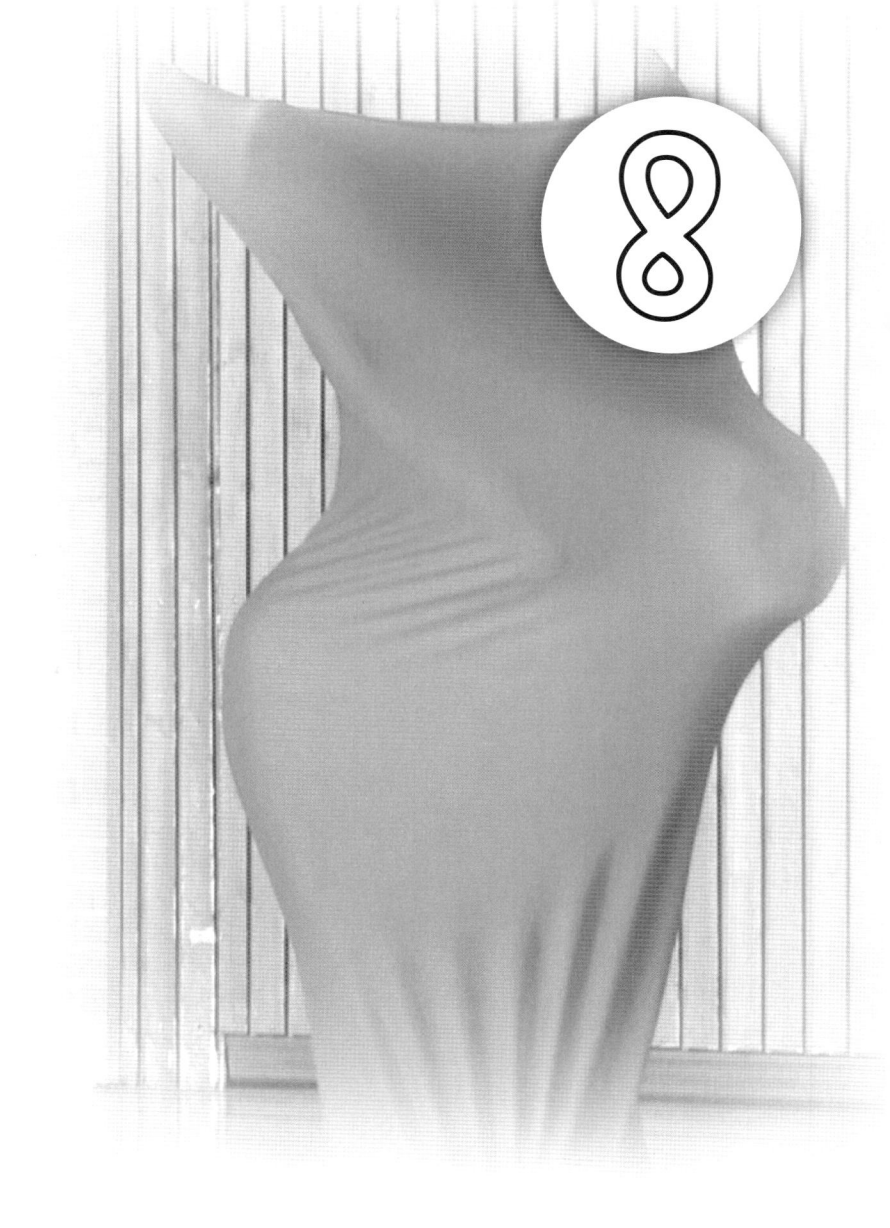

Figuren und Bewegungen

Wand

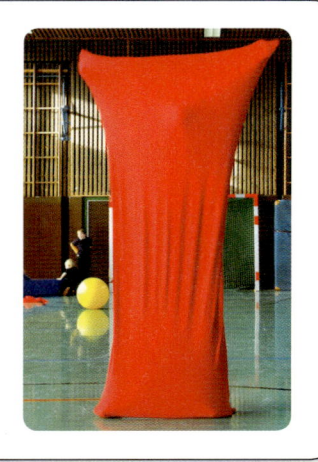

Wackelnde Wand
(von einem Bein auf das andere pendeln)

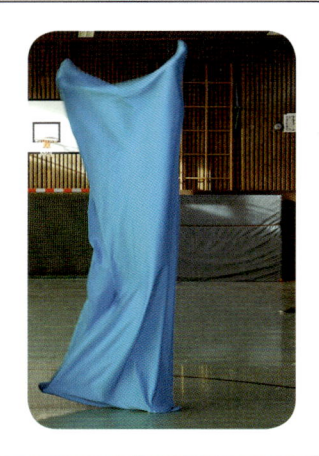

Wandernde Wand
(seitliche Fortbewegung)

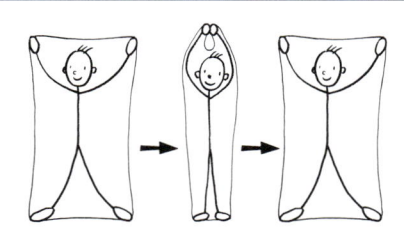

Gesicht

Aus der Figur „Wand" formt sich die Figur „Gesicht". Dabei beugt sich der Oberkörper vor und das Gesicht drückt gegen den Stoff. Wichtig ist dabei, dass die Arme nach hinten gestreckt werden.

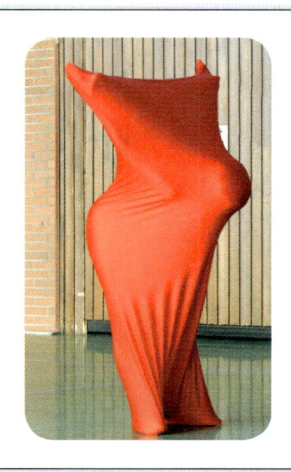

Hänger

Mönch

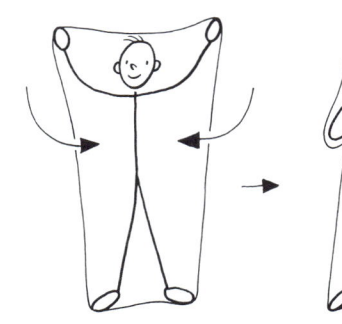

» Rakete

» Berg

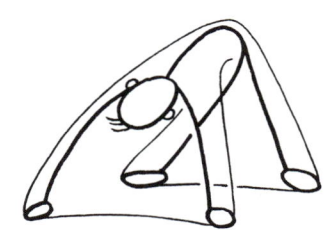

» Stein

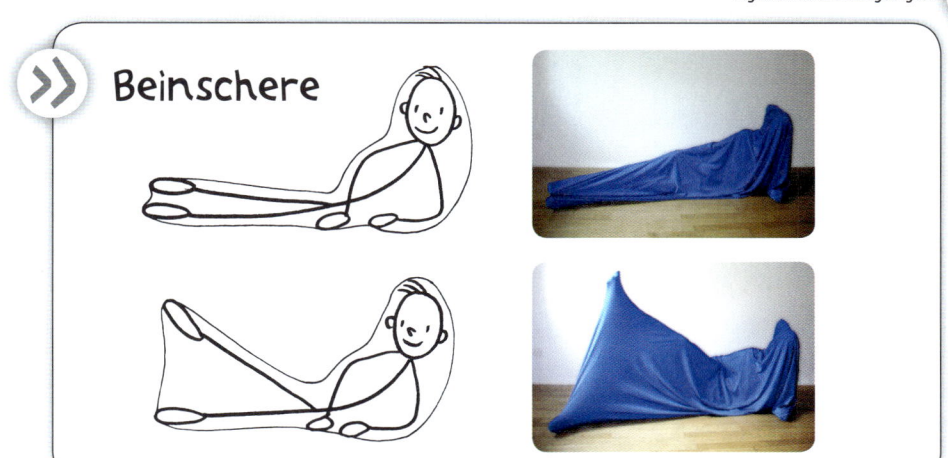

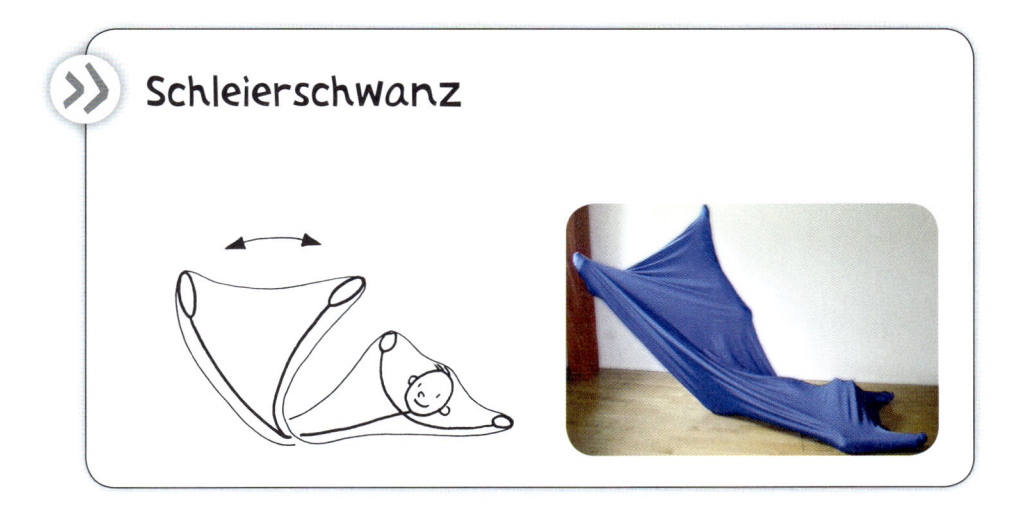

Figuren und Bewegungen

>> **Beinschere**

>> **Schleierschwanz**

>> **Schmetterling**

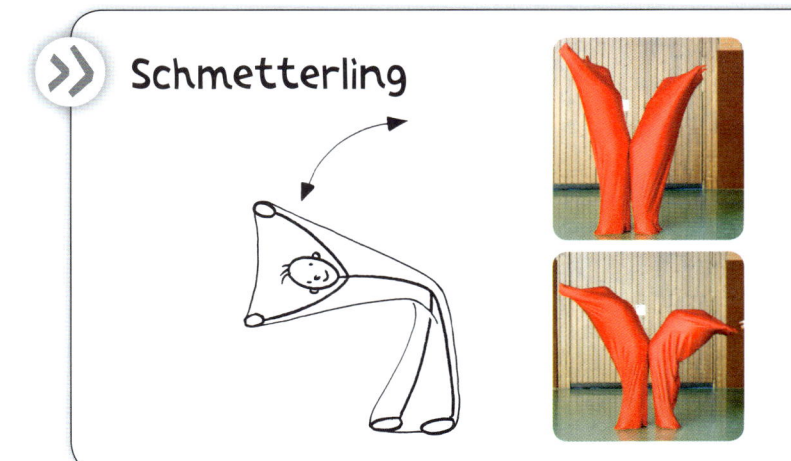

Der Tanzsack geht rum
Spielen, Gestalten und Darstellen mit dem Tanzsack

>> Elefant

>> Löwe

>> Vogel

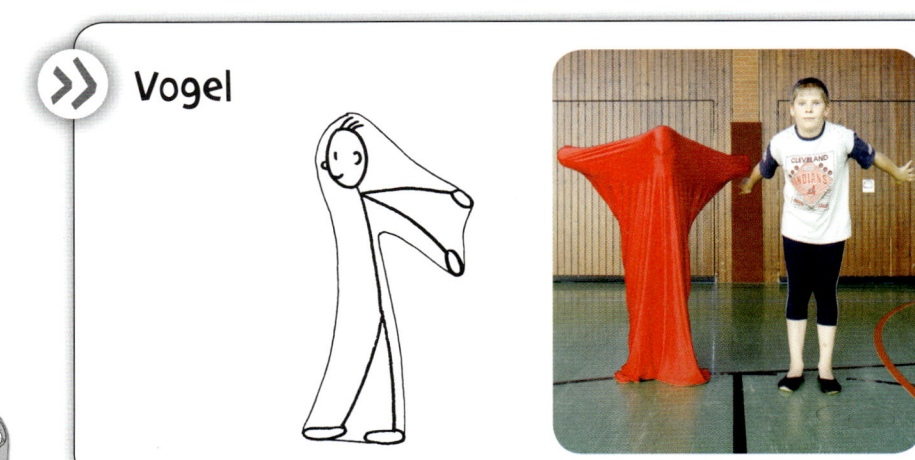

Figuren und Bewegungen

» Esel

» Krebs

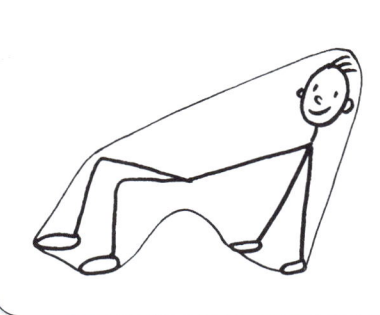

» Grundstellung Baumarten
(bei allen Baumarten wird der Tanzsack eingedreht)

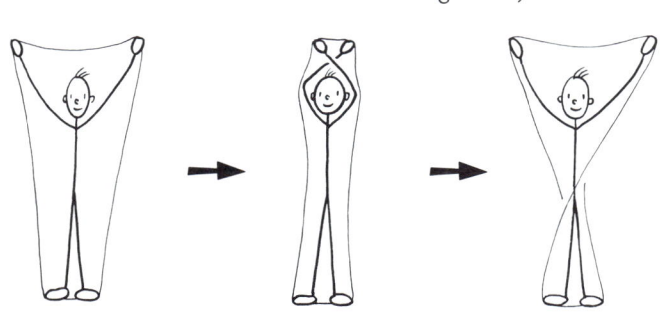

Der Tanzsack geht rum
Spielen, Gestalten und Darstellen mit dem Tanzsack

>> **Kastanie**

>> **Tanne**

>> **Zypresse**

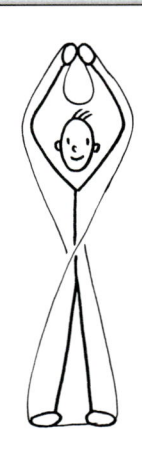

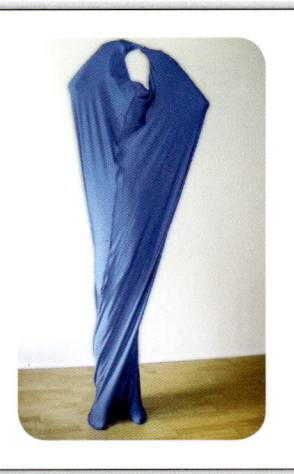

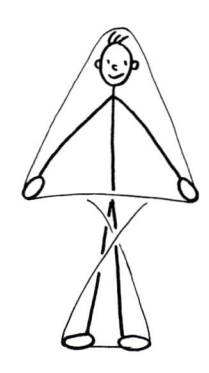

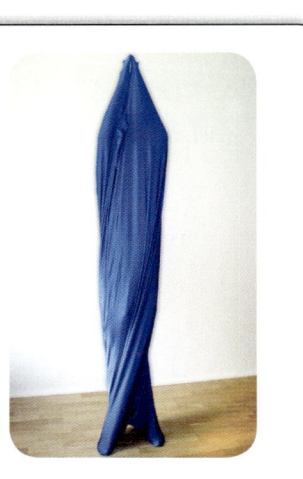

Figuren und Bewegungen

> **Eiche**

> **Linde**

>

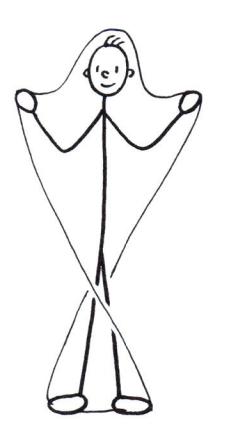

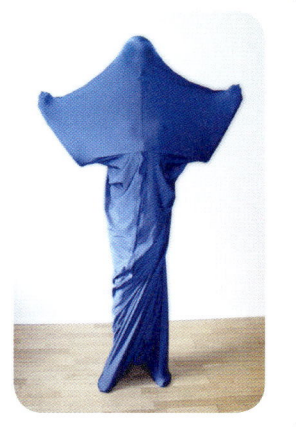

(Tragen Sie hier Ihre eigene Figurenidee ein.)

Der Tanzsack geht rum
Spielen, Gestalten und Darstellen mit dem Tanzsack

83

84

9

Bewegungsspiele mit und ohne Tanzsack

Kreative Bewegungsspiele KB

>> Dreierbild

Vorbereitung:
Die Gruppe stellt sich im Kreis auf. Legen Sie mit den Kindern Begriffe und dazugehörige Bewegungen für die Umsetzung mit drei Personen fest. Je nach Gruppe können Sie die Begriffe mit den entsprechenden Bewegungen auch vorgeben. Ein Dreierbild besteht immer aus einer Mittel- und zwei Seitenpositionen (rechts und links) wie z.B. beim Elefanten: Das Kind in der Mitte spielt den Rüssel, die Kinder zu seinen Seiten sind die Ohren.

Weitere Ideen:
- >> *Hawaii:* Eine Hulatänzerin in der Mitte, Palmwedel an den Seiten
- >> *Leuchtturm:* Leuchtturm (mit abgewinkeltem Arm als Lichtstrahl) in der Mitte, Wellen an den Seiten
- >> *Lokomotive:* Lokführer in der Mitte (zieht an einem Seil, damit Signal ertönt), Räder an den Seiten

Spielbeschreibung:
Ein Kind steht in der Kreismitte und zeigt auf ein anderes Kind im Kreis. Dabei nennt es einen der zuvor festgelegten Begriffe. Sofort muss dieses Kind die Mittelposition und seine Nachbarn zur Linken und zur Rechten die Seitenpositionen des Dreierbildes einnehmen. Das Kind, das dabei am schnellsten reagiert, kann nun in die Mitte, um einen Begriff und ein Kind zu bestimmen. Danach nimmt das Kind, das zuvor in der Mitte war, die freigewordene Position ein. Das Spiel geht weiter.

›› Zauberlehrling

Vorbereitung:

Da der Zauberlehrling besonders gut Menschen in Tiere verwandeln kann, klären Sie zuvor in einem kurzen Gespräch, welche Tiere den Kindern bekannt sind. Wichtig ist, herauszufinden, ob sie wissen, was die Tiere tun und wie diese sich bewegen:

- ›› *Elefanten:* groß, geht schwerfällig, stark, spritzt mit Wasser, frisst
- ›› *Giraffe:* geht gestreckt, staksig, überblickt alles, frisst Blätter von den Bäumen
- ›› *Tiger:* schleicht, gefährlich, geduckt, pirscht sich an
- ›› *Kaninchen:* hoppelt, ängstlich, mümmelt, schnuppert
- ›› *Hahn:* Herr im Hühnerstall, plustert sich auf, kräht
- ›› *Vogel:* fliegt, flattert, segelt
- ›› *Schlange:* schlängelt sich über den Boden, zischt, zeigt die Zunge

Spielbeschreibung:

Ein Kind ist der Zauberlehrling und hat natürlich einen Zauberhut auf. Es steht in der Mitte des Raumes und verwandelt die anderen Kinder in Tiere. Die verwandelten Kinder verhalten und bewegen sich entsprechend. Der Zauberlehrling sucht sich ein Kind aus und setzt ihm den Zauberhut auf. Das ist das Zeichen, dass sich alle in Menschen zurückverwandeln, bis sie vom neuen Zauberlehrling verwandelt werden, usw. Die Spieldauer können Sie beliebig gestalten.

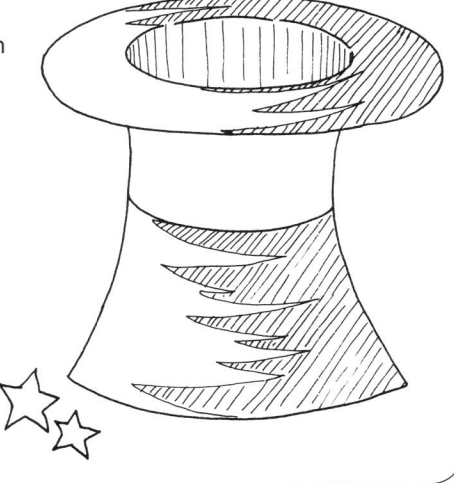

Variation:

Der Zauberlehrling kann natürlich auch andere Dinge zaubern, z.B. Märchengestalten, Maschinen oder Menschen bei unterschiedlichen beruflichen und handwerklichen Tätigkeiten.

» Bewegungskette

Vorbereitung:

Viele Kinder kennen das Spiel „Ich packe meinen Koffer … ". Hier müssen die Dinge, die der Vordermann gesagt hat, immer wieder wiederholt werden. Dieses Spiel lässt sich auch gut für Bewegungen anwenden. Spielen Sie das Spiel exemplarisch mit drei Kindern vor der Gruppe vor. Wenn die Kinder das Prinzip des Spiels verstanden haben, stellen sich alle im Kreis auf.

Spielbeschreibung:

Ein Kind fängt an und macht eine möglichst einfache Bewegung. Nun geht es der Reihe nach weiter. Das nächste Kind wiederholt diese Bewegung und fügt eine andere Bewegung an. Mit jedem Kind kommt eine weitere Bewegung dazu, wobei alle vorherigen Bewegungen wiederholt werden. Bei kleinen Kindern empfiehlt es sich, Hilfestellungen anzubieten: Jedes Kind wiederholt die vorangegangenen Bewegungen und bleibt in der eigenen angefügten Bewegung bis zum Ende des Spiels aktiv.

Variation:

Zu jeder Bewegung wird ein Geräusch gemacht.

» Vorstellungsrunde

Vorbereitung:

Die Gruppe steht in Kreisform.

Spielbeschreibung:

Der Reihe nach tritt ein Kind einen Schritt vor in den Kreis, nennt seinen Namen, macht dazu eine Bewegung und tritt zurück. Alle anderen wiederholen nun diesen Vorgang. Sie sprechen den Namen und führen die Bewegung aus. Nun ist der Nächste an der Reihe.

>> Schnick-Schnack-Schnuck

Vorbereitung:

Bei diesem Spiel werden der ganze Körper, Mimik und Lautäußerungen eingesetzt. Es gibt drei Figuren, die gegeneinander antreten: ein Samurai, ein Tiger und eine Großmutter.

Der Samurai:
- ersticht den Tiger
- wird von der Großmutter mit ihrem Krückstock verhauen

Der Tiger:
- frisst die Großmutter
- wird vom Samurai erstochen

Die Großmutter:
- verhaut den Samurai mit ihrem Krückstock
- wird vom Tiger gefressen

Spielbeschreibung:

Es treten zwei Parteien gegeneinander an. Ein Schiedsrichter zählt bis drei. Auf drei müssen beide Seiten ihre Figur kurz spielen und im Standbild verharren. Der Sieger ergibt sich aus der obigen Auflistung. Dieses Spiel lässt sich mit beliebig vielen Teilnehmern spielen. Dabei können einzelne Personen, aber auch Gruppen (die sich zuvor auf eine Figur einigen, bevor sie auf die andere Gruppe treffen) gegeneinander spielen.

>> Figuren schleudern

Vorbereitung:

Die Kinder gehen paarweise zusammen. Um Unfälle zu vermeiden, sollten Sie die Art und Weise des Schleuderns absprechen!

Spielbeschreibung:

Ein Kind ist der „Schleuderer". Es nimmt einen Mitspieler an die Hand und dreht sich mit ihm am ausgestreckten Arm um die eigene Achse. Der andere wird mitgeschleudert und dann losgelassen. Dabei erstarrt er in der Haltung, in der er sein Gleichgewicht wiedergefunden hat. Nacheinander werden alle Mitspieler geschleudert. Der „Schleuderer" sucht sich als seinen Nachfolger das Kind aus, dessen Figur ihm am besten gefällt.

Variation:

Der „Schleuderer" nennt Begriffe, die dargestellt werden sollen.

>> Bewegungsreise

Vorbereitung:

Erzählen Sie der Gruppe eine Geschichte, bei der die Kinder die Handlung spielerisch umsetzen und verschiedene Bewegungsaufgaben bewältigen müssen. Der Fantasie sind hierbei keine Grenzen gesetzt. Wenn vorhanden, können Sie unterschiedliche Turngeräte zuvor aufbauen und in die Geschichte mit einbeziehen. Sie könnten z.B. ein Dschungelabenteuer erzählen. Dabei werden die Kinder zu Forschern, die eine seltene Pflanze im Dschungeldickicht suchen und dabei einige Abenteuer zu bestehen haben. Die Geschichte könnten Sie dann wie folgt beginnen:

„Schon seit langer Zeit suchen Forscher aus aller Welt die Blume mit den rot-gelb gepunkteten Blütenblättern. Aus Erzählungen der Dschungelindianer geht hervor, dass diese Blume besondere Heilkräfte besitzt, aber niemand weiß, wo sie zu finden ist. Nun macht sich eine neue Expedition mit unerschrockenen Forschern auf die Suche. Um in den Dschungel vorzudringen, müssen sich die Forscher den Weg mit einem Buschmesser frei schlagen …".

Spielbeschreibung:

Bei diesem Dschungelabenteuer müssen Flüsse überquert werden, es wird geklettert, geschlichen, gerobbt, gerannt und manchmal müssen sich die Kinder gegenseitig über Hindernisse hinweghelfen.

Spielideen:

>> „Eine Fahrt auf dem Meer" (natürlich kentert das Boot)
>> „Durch die Wüste"

Variation:

Beginnen Sie mit einer Geschichte, die die Kinder fortsetzen.

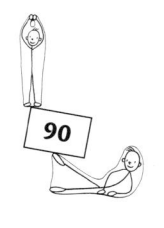

Lauf-Spiele (LS)

» Fischer, Fischer, wie tief ist das Wasser?

Vorbereitung:

Bei diesem allseits bekannten Spiel sollten Sie die Rolle des Fischers übernehmen, um den Kindern möglichst verschiedene Bewegungsimpulse zu geben: Laufen, Krabbeln, Krebsgang, Hüpfen, Seitwärtslaufen, Riesen- oder Trippelschritte machen.

Spielbeschreibung:

Die Kinder versuchen, nach der von Ihnen vorgegebenen Fortbewegungsart die andere Hallenseite zu erreichen. Auf dem Weg dorthin können die Kinder aber abgeschlagen (gefangen) werden. Wer gefangen wurde, hilft dem Fischer bei der Arbeit.

» Skulpturenjäger

Vorbereitung:

Üben Sie mit den Kindern vorher, in einer bestimmten Position zu verharren. Bestimmen Sie einen Fänger.

Spielbeschreibung:

Die Gruppe bewegt sich frei im Raum. Wer vom Fänger abgeschlagen wird, bleibt stehen und erstarrt in einer möglichst ausdrucksstarken Haltung. Der Letzte, der erstarrt ist, wird der neue Fänger.

Variation:

Die erstarrten Kinder können durch die Mitspieler erlöst werden. Dazu müssen sich zwei Mitspieler an die Hände fassen und um den Erstarrten einen Kreis bilden. Wenn sie ihn so einmal umrunden, ist er befreit.

›› Tuchräuber

Vorbereitung:
Alle Mitspieler bis auf den Fänger bekommen ein Jongliertuch, das sie sich am Rücken in den Hosenbund stecken. Das Tuch sollte bis maximal zu den Kniekehlen heraushängen.

Spielbeschreibung:
Der Fänger muss versuchen, den anderen Mitspielern die Tücher zu rauben. Wer sein Tuch verloren hat, scheidet aus.

Variation:
Alle Mitspieler bekommen ein Tuch und dürfen nun versuchen, sich gegenseitig die Tücher zu rauben. Wer sein Tuch verliert, darf trotzdem weitermachen. Sieger ist derjenige, der zum Schluss die meisten Tücher geraubt hat.

›› Feuer – Wasser – Erde – Luft

Vorbereitung:
Jedem dieser Elemente wird ein Platz im Raum zugeordnet (z.B. Feuer – eine Raumecke, Wasser – ein erhöhter Standpunkt, Erde – ein Platz zum Hinlegen, Luft – Aufstellen entlang einer Raumseite). Die Plätze sollten nicht zu nah beieinanderliegen, damit die Gruppe viel Bewegung bekommt. Besprechen Sie mit den Kindern eine bestimmte Sonderaufgabe, die die Kinder machen müssen, wenn sie nicht rechtzeitig am aufgerufenen Ort angelangt sind.

Spielbeschreibung:
Abwechselnd werden die Namen der einzelnen Elemente gerufen und die Gruppe nimmt den jeweiligen Platz ein. Wer zuletzt an diesem Platz ankommt, muss eine Sonderaufgabe erfüllen, um weiter mitmachen zu können.

Variation:
Wer zuletzt am Platz ankommt, scheidet aus, bis nur noch ein Spieler übrig bleibt.

>> A-Fangen

Vorbereitung:
Bestimmen Sie 1–3 Fänger (je nach Gruppengröße).

Spielbeschreibung:
Wird ein Mitspieler abgeschlagen, stellt er sich mit gespreizten Beinen an den Platz, an dem er gefangen wurde. Dort bleibt er solange stehen, bis er durch einen Mitspieler, der durch die gespreizten Beine krabbelt, erlöst wird.
Das Spiel endet, wenn alle gefangen sind.

>> Mauseloch

Vorbereitung:
Entsprechend der Spielerzahl (minus 2) legen Sie Reifen möglichst weiträumig verteilt auf dem Boden aus. Die beiden Spieler, die keinen Reifen haben, beginnen mit dem Spiel.

Spielbeschreibung:
Einer der beiden Mitspieler ohne Reifen ist die Maus und muss vor der Katze fliehen. Alle anderen stehen in ihren Mauselöchern (Reifen). Wenn der Spieler, der als Maus gerade vor der Katze flüchtet, zu einem anderen Spieler in den Reifen tritt, muss dieser den Reifen verlassen und nun vor der Katze fliehen usw. Wird eine Maus gefangen, werden die Rollen getauscht und das Fangen geht weiter.
Das Spiel endet nach eigenem Ermessen.

Musik-Spiele (MS)

» Begrüßungsrituale

Vorbereitung:
Wählen Sie eine Musik aus, zu der die Kinder sich frei im Raum bewegen können.

Spielbeschreibung:
Die Gruppe bewegt sich zur Musik frei im Raum. Alle können gehen, laufen, tanzen etc. Zwischendurch stoppen Sie die Musik und die Kinder sollen sich jedes Mal auf eine andere Weisen begrüßen, indem sie sich z.B. nur mit den Ellenbogen, Schultern, Knien, Zehenspitzen, Hacken ... berühren. Bei jedem Musikstopp geben Sie die Anweisung für den nächsten „Begrüßungs-Stopp". Zum Schluss kann jedes Kind das andere auf die Weise begrüßen, die ihm am besten gefallen hat.

» Let's dance

Vorbereitung:
Suchen Sie für dieses Spiel Musikstücke mit unterschiedlichen Geschwindigkeiten und Rhythmen aus. Ordnen Sie diese in der Reihenfolge, in der Sie mit der Gruppe vorgehen möchten. Dabei sollten Sie beachten, ob Ihre Gruppe einen sanften Einstieg (ruhige Musikstücke) oder einen dynamischen Einstieg (schnelle Musik) braucht.

Spielbeschreibung:
Beim ersten Durchgang stellen Sie den Kindern frei, wie sie sich zur Musik bewegen und tanzen möchten. Bei den weiteren Stücken geben Sie einzelne Impulse, die die Kinder umsetzen:
- » „Geht oder lauft so langsam/so schnell wie die Musik!"
- » „Bewegt euch mit dem ganzen Körper so langsam/so schnell wie die Musik!"
- » „Achtet auf den Rhythmus und versucht, ihn mit euren Bewegungen umzusetzen!"

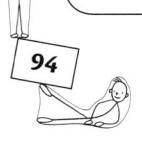

>> Bewegen zu Musikstücken

Vorbereitung:
Sie benötigen die Musik „Die Original-Lieder von der Sendung mit der Maus" Folge 1 und 4. Jeder Mitspieler sucht sich einen Platz, an dem er sich ungehindert bewegen kann.

Spielbeschreibung:
Geben Sie begleitende Anweisungen zur Musik (die Lautstärke der Musik sollte dann heruntergefahren werden).

>> *Der Computerstorch (Folge 1)*
Zuerst bewegen sich nur die Finger, dann kommen die Arme hinzu und der Oberkörper folgt. Die Beine bewegen sich auf der Stelle, der ganze Körper ist in Bewegung, ohne den Platz zu verlassen.

>> *Das Gespenst (Folge 1)*
Alle gehen langsam durch den Raum: Zuerst schleichen, dann auf den Zehenspitzen und zum Schluss auf den Fersen gehen.

>> *Der Gurkendrachen (Folge 4)*
Alle gehen im Takt und achten auf den Text. Nach und nach verwandeln sich alle in einen Drachen. Zum Schluss verwandeln sie sich wieder zurück.

>> Stopptanz

Vorbereitung:
Wählen Sie eine Musik aus, zu der sich die Kinder gut bewegen können.

Spielbeschreibung:
Die Kinder bewegen sich frei zur Musik. Wenn die Musik stoppt, müssen alle stehen bleiben. Wer sich noch bewegt, scheidet aus.

Variation:
Wer sich noch bewegt, muss eine Zusatzaufgabe erfüllen, um wieder mitmachen zu können. Besprechen Sie die Zusatzaktionen vorher gemeinsam mit den Kindern.

Bewegungsaktionen (B)

>> Ballonflug

Vorbereitung:
Dieses Spiel ist eher für kleine Gruppen geeignet. Falls Sie viele Kinder in der Gruppe haben, bilden Sie mehrere kleine Gruppen.

Spielbeschreibung:
Die Gruppe stellt sich im Kreis auf und bewegt einen Luftballon hin und her. Der Ballon darf nicht den Boden berühren. Wenn der Luftballon doch auf den Boden kommt, verliert die Gruppe einen Punkt. Jede Gruppe hat 5 Punkte. Welche Gruppe kommt damit am längsten aus?

Variationen:
- >> Es dürfen nur zuvor festgelegte Körperteile (z.B. nur die Hände oder die Knie) den Ballon berühren.
- >> Spielen Sie das Spiel als Wettspiel zwischen zwei oder mehreren Gruppen. Bei welcher Gruppe berührt der Ballon zuletzt den Boden?

>> Wenn der Ton erklingt

Vorbereitung:
Sie benötigen drei Instrumente (z.B. Klangstäbe, Handtrommel und Triangel). Ordnen Sie jeder der drei Bewegungsebenen ein Instrument und eine Körperstellung zu.

Spielbeschreibung:
Die Kinder erhalten von Ihnen die Anweisung, kreuz und quer durch den Raum zu laufen und auf das Erklingen der Instrumente zu reagieren. Erklingt eines der Instrumente, bleiben alle stehen und nehmen die zuvor festgelegte Körperstellung ein. Der Wechsel zwischen den einzelnen Körperstellungen kann unterschiedlich lang bzw. kurz sein. Erklingt das Instrument ein zweites Mal, laufen die Kinder weiter.

❯❯ Tief – Mittel – Hoch

Vorbereitung:
Die Gruppe stellt sich im Kreis auf. Sie stellen kurz die verschiedenen Bewegungsebenen vor:
- ❯❯ *Tief:* Körperhaltungen und Bewegungen auf dem Boden liegend oder kauernd
- ❯❯ *Mittel:* Körperhaltungen und Bewegungen in der Höhe der Körpermitte
- ❯❯ *Hoch:* in die Höhe ausgerichtete Körperhaltungen und Bewegungen

Spielbeschreibung:
Reihum sucht sich jedes Kind eine Bewegungsebene aus und nimmt dazu eine Körperhaltung ein. Alle anderen Kinder ahmen dies nach. Nachdem Sie auf diese Weise mit der Gruppe verschiedene Ideen zu den unterschiedlichen Bewegungsebenen bekommen haben, entsteht daraus das Spiel „Tief – Mittel – Hoch". Sie rufen eine der Bewegungsebenen in den Kreis und die Kinder müssen so schnell wie möglich eine Körperhaltung in dieser Ebene einnehmen.

Variation:
Das Spiel kann auch als Wettspiel umgesetzt werden. Das Kind, das zuletzt in der Position oder in der falschen Bewegungsebene ist, scheidet aus.

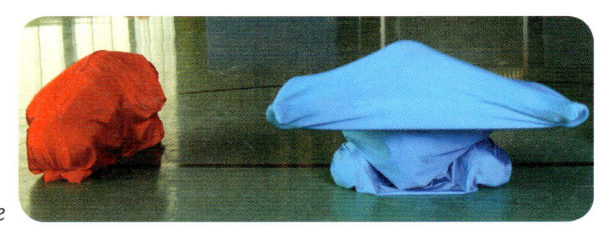

Tiefe Bewegungsebene

Mittlere Bewegungsebene

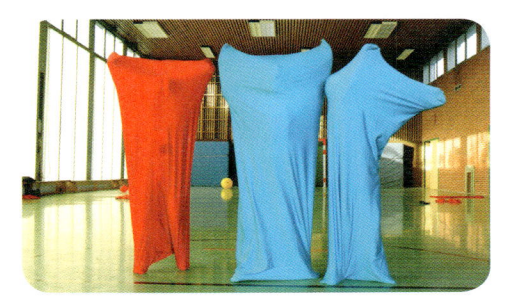

Hohe Bewegungsebene

›› Sekundenversteinerung (B)

Vorbereitung:
Bei dieser Aktion zeigen zwei unterschiedliche Signale an, wann die Kinder erstarren und wann sie sich weiterbewegen sollen. Diese Signale können Sie mit Händeklatschen, Pfeifen oder Rhythmusinstrumenten geben. Wichtig ist, dass die Kinder wissen, welche Bedeutung das jeweilige Signal hat.

Spielbeschreibung:
Die Gruppe bewegt sich frei im Raum. Auf das entsprechende Signal hin erstarrt jeder in seiner Bewegung und verharrt darin solange, bis das Signal zur Weiterbewegung ertönt. Nach mehreren Durchgängen können Sie nun Bewegungen vorgeben, z.B. „Jetzt lauft in Riesenschritten weiter!", „Macht Zwergentrippel-Schritte!", „Hüpft weiter!", „Lauft rückwärts/seitwärts!" usw. Am besten erfolgen diese Anweisungen, wenn die Kinder erstarrt sind.

Variation:
Die Zeiten des Erstarrens können unterschiedlich lang sein. Vielleicht lassen Sie die Kinder einmal ausprobiert, wie lange es möglich ist, in einer bestimmten Körperhaltung zu verharren.

›› Baumstammrollen (B)

Vorbereitung:
Die Kinder gehen paarweise zusammen.

Spielbeschreibung:
Ein Kind liegt mit über dem Kopf ausgestreckten Armen in angespannter Körperhaltung auf dem Boden. Ein anderes Kind wälzt es nun vorsichtig weiter. Dabei versucht das liegende Kind, seine Körperhaltung nicht zu verändern.

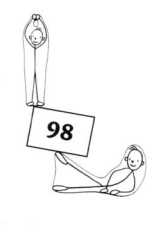

>> Baumstammheben

Vorbereitung:
Für diese Aktion werden vier Turnmatten zu einer Fläche zusammengelegt. Die Gruppe setzt sich um diese Fläche herum.

Spielbeschreibung:
Ein Kind liegt auf den Turnmatten und spannt möglichst seinen gesamten Körper an. Dabei sind die Arme an den Körperseiten angelegt. Zwei weitere Kinder, die Träger, heben es an den Knöcheln und Schultern hoch, halten es einen kurzen Moment und legen es wieder vorsichtig auf den Boden.

Variationen:
>> Die Träger heben nur die Beine bis zu ihrer Körpermitte an und das liegende Kind versucht, den Körper so anzuspannen, dass es nicht einknickt. Dabei behalten die Schultern und der Kopf den Bodenkontakt.
>> Die Träger heben das liegende Kind an den Schultern an und bringen es so in den Stand. In diesem Fall ist es wichtig, dass die Träger größer und kräftiger sind als das Kind, das angehoben wird.

>> Der Spiegel

Vorbereitung:
Die Kinder gehen paarweise zusammen und stellen sich gegenüber auf.

Spielbeschreibung:
Ein Kind gibt eine Bewegung vor und das andere ahmt (spiegelt) diese nach. Dabei versucht es, die Bewegung größer und deutlicher auszuführen. Diese vergrößerten Bewegungen übernimmt das erste Kind wieder. Danach tauschen die beiden die Rollen. Dieser Rollenwechsel findet so oft statt, bis beide Kinder dreimal eine Bewegung vorgegeben haben.

» Der Schattenlauf

Vorbereitung:
Jedes Kind sucht sich für die folgende Aktion einen Partner. Mit diesem spricht es ab, wer welche Rolle übernimmt.

Spielbeschreibung:
Das eine Kind geht durch den Raum und das andere folgt. Nach und nach versucht es, die Gangart und Körperhaltung des vorlaufenden Kindes nachzuahmen. So gehen sie eine Zeitlang durch den Raum. Wenn das Kind meint, dass es den anderen gut widerspiegelt, tippt es ihm auf die Schulter und geht nun in dem Gang alleine weiter. Das andere Kind bleibt stehen und schaut sich „seinen" Gang an. Danach werden die Rollen getauscht.

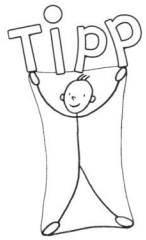

Tipp: Bei diesem Spiel ist es wichtig, dass sich der Vorangehende nicht zu schnell bewegt und keine zusätzlichen Bewegungen macht!

» Von hier nach dort

Vorbereitung:
Die Kinder stellen sich gut verteilt entlang der Raumseiten auf.

Spielbeschreibung:
Ein Kind beginnt und durchquert, in einer beliebigen Form (hier sind der Fantasie keine Grenzen gesetzt), den Raum auf ein anderes Kind zu. Das angesteuerte Kind setzt diesen Vorgang fort, indem es nun seinerseits den Raum zu einem anderen Kind durchquert usw.
Dies geschieht so lange, bis alle Kinder an der Reihe waren.

Variation:
Die Kinder gehen paarweise zusammen oder bilden Kleingruppen (max. vier Kinder). Sie experimentieren mit der Aufgabenstellung, mit dem Ziel, sich auf eine Fortbewegungsart zu einigen. Dabei kommt nun die Aufgabe hinzu, sich eine Endposition zu überlegen. Zum Abschluss präsentieren die Paare/die Gruppen ihre Ergebnisse.

Spiele im Tanzsack (ST)

›› Folge dem Ton

Vorbereitung:

Für dieses Spiel benötigen Sie eine Triangel. Alle Kinder befinden sich in Tanzsäcken und stellen sich nebeneinander auf. *Wichtig:* Zwischen den Kindern muss mindestes eine Armlänge Platz sein!

Spielbeschreibung:

Gehen Sie um die Gruppe herum und lassen Sie aus einer Richtung die Triangel erklingen. Die Kinder sollen sich, auf ihrem Platz stehend, danach ausstrecken. Nacheinander wechseln Sie die Richtungen, aus denen der Ton erklingt, und die Kinder strecken sich in die entsprechenden Richtungen.

Variation:

Die Kinder bewegen sich auf den Ton zu oder gehen in die entgegengesetzte Richtung.

>> Der Künstler und seine Skulptur

Vorbereitung:
Die Kinder gehen paarweise zusammen. Jedes Paar braucht einen Tanzsack.

Spielbeschreibung:
Ein Kind ist im Tanzsack und wird von seinem Partner, der in die Rolle des Künstlers schlüpft, zu einer Skulptur geformt. Das Kind im Tanzsack lässt sich formen und hält die jeweiligen Körperpositionen, bis „der Künstler" sie wieder ändert.

>> Sich rütteln und schütteln

Vorbereitung:
Alle Kinder ziehen einen Tanzsack an.

Spielbeschreibung:
Die Gruppe stellt sich im Kreis auf und schüttelt die Körper aus. Das Ausschütteln wird von Erstarrungsphasen unterbrochen. Geben Sie verschiedene Anweisungen zum Erstarren:
- >> im Stehen (Arme hoch gestreckt, seitwärts, vorwärts)
- >> auf einem Bein stehend
- >> auf dem Boden liegend (Bauch-, Rücken- oder Seitenlage)
- >> im Vierfüßlerstand

Zum Abschluss dieser Aktion sollen sich die Kinder eigene Haltungen für die Erstarrungsphase ausdenken. Je nachdem, wie viele Ideen da sind, kann es hier Wiederholungen geben.

❯❯ Wer steckt im Tanzsack?

Vorbereitung:
Für dieses Spiel benötigen Sie 2–3 Tanzsäcke.

Spielbeschreibung:
Ein Kind geht aus dem Raum. Währenddessen ziehen sich zwei oder drei Kinder einen Tanzsack an und nehmen die Figur „Gesicht" ein (siehe S. 77). Das Kind, das zuvor rausgegangen ist, kommt wieder herein und muss nun erraten, welches Kind in welchem Tanzsack steckt.

Variationen:

❯❯ Zu Anfang zeigt jedes Kind der Gruppe eine Figur ohne Tanzsack. Bei den Raterunden zeigen die Kinder im Tanzsack ihre Figur und müssen daran erkannt werden.

❯❯ Abwechselnd stellen einzelne Kinder vor der Gruppe ein Tier im Tanzsack dar. Wer zuerst richtig rät, ist als Nächstes mit der Darstellung an der Reihe.

❯❯ Tanzsack, beweg dich!

Vorbereitung:
Die Kinder gehen paarweise zusammen. Jedes Paar braucht einen Tanzsack.

Spielbeschreibung:
Geben Sie den Kindern Anweisung, unterschiedliche Fortbewegungsmöglichkeiten im Tanzsack auszuprobieren, z.B. Gehen (aufrecht, gebückt, vorwärts, rückwärts, seitwärts), Krabbeln, Rollen oder Robben.
Nun zieht das eine Kind den Tanzsack an und probiert unterschiedliche Fortbewegungsmöglichkeiten aus. Der Partner gibt ihm Rückmeldungen zu den Bewegungen. Die beiden können mehrmals ihre Rollen wechseln, um das zuvor beim Partner Gesehene selbst auszuprobieren und neue Varianten zu entwickeln. Geben Sie den Paaren anschließend die Möglichkeit, einige ihrer Fortbewegungen der Gesamtgruppe zu zeigen.

≫ Synchrontänzer

Vorbereitung:

Gemeinsam mit den Kindern denken Sie sich drei Bewegungen oder Figuren aus, die die Kinder in Verbindung mit Geräuschen (z.B. Pfeifen, Rufe) oder einem Zählrhythmus nachbilden. Das hilft ihnen bei der Orientierung, wenn sie später im Tanzsack nichts sehen können. Um die einzelnen Bewegungen miteinander zu verbinden, sollen die Kinder zu jeder folgenden Bewegung eine einfache Überleitung entwickeln.

Spielbeschreibung:

Die Kinder gehen paarweise zusammen. Ein Kind geht in den Tanzsack und wiederholt die ausgewählten Bewegungen/Figuren. Das andere Kind gibt Rückmeldungen und nimmt Korrekturen vor, bis die Bewegungen deutlich zu erkennen sind. Danach wird gewechselt. Nach einer Übungsphase präsentieren sich alle Paare gegenseitig ihren Synchrontanz.

>> Der Tanzsacktanz

Vorbereitung:
Je nach Größe der Gesamtgruppe lassen Sie die Kinder Kleingruppen von maximal vier Kindern bilden. Für dieses Spiel benötigen Sie ein Musikstück (z.B. „Der Karneval der Tiere").

Spielbeschreibung:
Die Kleingruppen entwickeln zu der Musik eine Abfolge von unterschiedlichen Fortbewegungen und üben diese miteinander ein. Anfangs üben sie ohne Tanzsäcke und ohne Musik, um ihre Bewegungsabläufe aufeinander abzustimmen. Neben synchronen Fortbewegungen ist es auch möglich, dass die Kinder sich abwechselnd bewegen. Wenn die Gruppe in der Ausführung der Bewegungen sicher ist, wird das Ganze in den Tanzsäcken mit Musik umgesetzt.

Tipp: Spielen Sie zwischendurch immer wieder die Musik ein, damit die Gruppen ihre Fortbewegungsabfolge darauf abstimmen können!

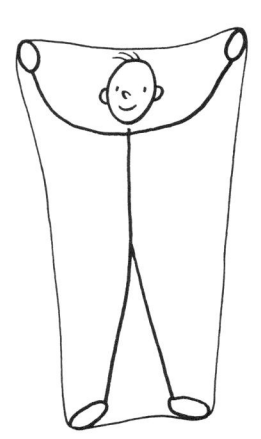

➢ Eine Baumgeschichte

Vorbereitung:
Für diese Geschichte gehen alle Kinder in die Tanzsäcke und stellen sich so auf, dass sie sich bei den Bewegungen nicht behindern.

Spielbeschreibung:
Erzählen Sie eine Geschichte von einem Baum und seinem Lebensweg. Die Kinder setzen das Gehörte in Bewegung um. Ihrer Fantasie sind keine Grenzen gesetzt. Hauptsache, die Geschichte bietet den Kindern viele Bewegungsanlässe. Sie könnten z.B. den Wechsel des Wetters und der Jahreszeiten ansprechen:

- ➢ **Frühling:** ein laues Lüftchen weht und der Baum erwacht aus seiner Winterstarre/ der Baum reckt sich der Sonne entgegen/Frühjahrsstürme ziehen über das Land

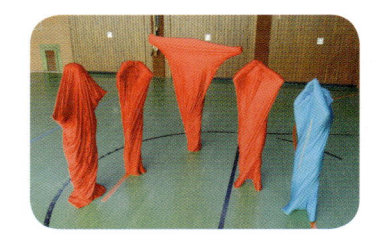

- ➢ **Sommer:** es ist sehr warm und trocken/der Baum lässt seine Blätter hängen/Sommergewitter/ Baum spendet Schatten

- ➢ **Herbst:** der Wind nimmt langsam zu/Herbststürme rütteln an dem Baum/verliert seine Blätter/Äste brechen ab

- ➢ **Winter:** Baum erstarrt

» Das Luftballonspiel

Vorbereitung:
Die Kinder gehen paarweise zusammen. Ein Kind befindet sich im Tanzsack und spielt den Luftballon.

Spielbeschreibung:
Das Kind im Tanzsack hockt zusammengekauert auf dem Boden. Sein Partner „pumpt" ihn spielerisch mit Pustegeräuschen auf. Das Kind im Tanzsack richtet sich entsprechend der Pustegeräusche langsam auf. Dabei kommt es in eine aufrechtstehende, gespannte Haltung, die eine kurze Zeit gehalten werden soll. Bei dieser Partnerübung ist das Zusammenspiel der Kinder wichtig. Wie beim richtigen Luftballonaufblasen gibt es den Moment des Luftholens, bei dem der Ballon in der jeweiligen Spannung bleibt. Erst beim nächsten Atemstoß wird er größer. Langsam lässt der Partner mit einem entsprechenden Geräusch die Luft wieder aus dem Ballon entweichen und dieser schrumpft in sich zusammen. Danach tauschen sie die Rollen.

Bei Grundschulkindern empfiehlt es sich, wirklich einen Luftballon aufzublasen. Dabei können die Kinder genau beobachten, was passiert und bekommen eine klare Vorstellung von der Aufgabenstellung!

>> Experimentieren mit Luftballons (ST)

Vorbereitung:
Die Kinder gehen paarweise zusammen. Ein Kind befindet sich im Tanzsack und spielt den Luftballon.

Spielbeschreibung:
Lassen Sie die Kinder mit der Spielidee des Luftballonspiels (siehe S. 107) weiter experimentieren:
- >> Was passiert, wenn der Ballon platzt?
- >> Was passiert, wenn der Ballon wegfliegt?
- >> Was passiert, wenn der Ballon ein Loch hat?
- >> Was passiert, wenn …

>> Wir machen alles zusammen! (ST)

Vorbereitung:
Teilen Sie die Gesamtgruppe in 2 Kleingruppen auf. Die eine Gruppe ist in den Tanzsäcken und die andere Gruppe ist das Publikum.

Spielbeschreibung:
Die Kinder in den Tanzsäcken kauern sich im Kreis auf den Boden. Sie sind nun der Luftballon. Ein Kind aus dem Publikum „pumpt" den Luftballon auf. Die Kinder in den Tanzsäcken bauen nun nicht nur ihre eigene Körperspannung auf, sondern lassen auch den Kreis größer werden. Bei diesem Spiel können die Handlungen variiert werden. Anschließend tauschen die Gruppen die Rollen.

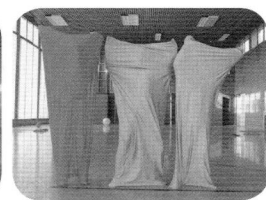

>> Bewegungsräume

Vorbereitung:

Tragen Sie zu den Begriffen: „hoch", „tief", „weit" und „eng" mit der Gruppe Bewegungsideen zusammen, z.B.:

- >> „hoch"– auf die Zehenspitzen stellen und die Arme hochstrecken
- >> „tief" – auf dem Boden liegen
- >> „weit" – Arme und Beine von sich strecken und so viel Raum wie möglich einnehmen
- >> „eng" – die Extremitäten so eng wie möglich an den Körper halten

Erklären Sie den Ablauf der Übung, bevor die Kinder die Tanzsäcke anziehen. Je nach Gruppensituation können Sie die Aktion erst ohne Tanzsäcke durchführen. Zur Unterstützung benötigen Sie Musik.

Spielbeschreibung:

Die Gruppe bewegt sich zur Musik im Raum. Bei den Musikstopps erstarren sie je nach Begriff (hoch, tief, weit, eng) zu einer passenden Statue und bleiben in dieser Haltung, bis die Musik wieder erklingt.

Nach einigen Durchgängen teilen Sie die Gruppe. Während die eine Hälfte weitermacht, schauen die anderen zu. Danach wird gewechselt. Danach sind wieder alle in den Tanzsäcken in Aktion und reagieren auf Ihre Anweisungen. Zuerst machen sich alle so klein wie möglich. Aus dieser Haltung heraus wachsen sie und werden so groß wie möglich. Am äußersten Punkt halten sie kurz die Spannung und sinken dann wieder in sich zusammen. Dieses Wachsen (Riesen) und Schrumpfen (Zwerge) wiederholt sich zwei- bis dreimal. Beim vierten Mal wächst nur die Hälfte der Gruppe zu Riesen, während die andere Hälfte in der „Zwergengröße" bleibt. Die Gruppen bewegen sich in ihren jeweiligen Größen umeinander herum. Nach einiger Zeit tauschen sie die Rollen. Fordern Sie die Kinder auf, sich für eine Größe (ihre Lieblingsgröße) zu entscheiden und sich damit durch den Raum zu bewegen.

Beenden Sie die Aktion mit einem Signal, bei dem alle in ihrer Bewegung erstarren und so ein gemeinsames Schlussbild bilden.

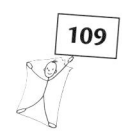

110

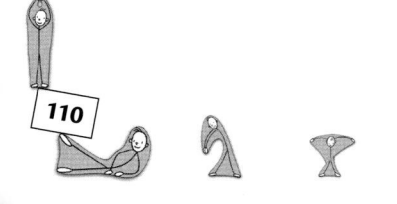

10

Ideenbörse

Ideenbörse

Die Tanzsäcke bieten viele Möglichkeiten, eine Geschichte darzustellen oder eine Bewegungs-Choreografie zu Musik zu entwickeln. Einige Ideen aus meiner Praxis habe ich hier zusammengestellt. Nutzen Sie die Anregungen, um sie selbst auszuprobieren, abzuändern bzw. weiterzudenken oder einfach ganz neue Ideen zu entwickeln!

Eine Geschichte oder eine Handlung nachspielen

Märchen oder andere bekannte Geschichten lassen sich umschreiben und mit den Tanzsäcken darstellen. Dabei darf die Handlung nicht zu kompliziert sein. Wichtig ist, dass Sie die Ausdrucksmöglichkeiten des Tanzsackes dabei im Blick haben oder seine Möglichkeiten nutzen. Lassen Sie Ihrer Fantasie bei der Entwicklung der Choreografie freien Lauf.

So könnte beispielsweise eine Person die Geschichte erzählen. Um ihn herum erwachen die Figuren zum Leben. Dabei müssen auch nicht immer alle Kinder gleichzeitig in den Tanzsäcken sein. Vielleicht gibt es Rollen mit und ohne Tanzsack? Oder der Tanzsack ist ein Ort, aus dem man verwandelt herauskommt? In der Reihe „Die Original-Lieder aus der Sendung mit der Maus" finden Sie einige vertonte Geschichten, die sich mit Tanzsäcken gestalten lassen. So z.B. „Der Gurkendrache" in Folge 4. Dieses Lied handelt von einem Kind, das sich immer in einen Drachen verwandelt, wenn es Gurken isst. Sie könnten es so umsetzen, dass mehrere Kinder in Tanzsäcken eng zusammengekauert auf der Bühne sind. Im Vordergrund steht das Kind, von dem die Geschichte handelt. Es isst pantomimisch Gurken. Dabei zieht es sich langsam einen Tanzsack über und formt zusammen mit anderen Kindern einen „Drachen".

Bewegungen zu einem bestimmten Thema entwickeln

Wenn Sie nicht gleich mit einer kompletten Geschichte starten wollen, können Sie auch erst einmal mit einem bestimmten Thema beginnen. Besonders beliebt bei Kindern sind die Themen Tiere und Maschinen. Es fällt ihnen leicht, zu verschiedenen Tieren oder zu Maschinen Figuren oder Bewegungen zu entwickeln. Die Musik „Der Karneval der Tiere" und „Peter und der Wolf" können Sie gut zum Thema Tiere einsetzen.

Ich habe gute Erfahrungen damit gemacht, mit mehreren Kindern eine Maschine, bestehend aus vielen zusammenarbeitenden Einzelteilen darzustellen. Dazu könnten

Sie unterschiedliche Geräusche von einer CD abspielen. Es gibt CDs mit Geräuschen aus den unterschiedlichsten Bereichen, wie z.B. die CD „Alltagsgeräusche als Orientierungshilfen", erschienen beim Verlag an der Ruhr, (siehe Literaturempfehlungen S. 128) die sich zu unterschiedlichen Themen einsetzen lassen.

Sie können sich natürlich auch mit anderen Themen wie Ausgrenzung oder Toleranz auseinandersetzen: Was passiert, wenn zwischen lauter roten Tanzsäcken plötzlich ein blauer Tanzsack auftaucht, der sich auch noch ganz anders bewegt?

Impressionen aus Farben und Formen

Auch hier können Sie Ihre Fantasie spielen lassen:

- » Welche Farben können Tanzsäcke haben? Statt einfarbig könnten sie auch bunt sein!
- » Es muss auch nicht immer die gleiche Form und Größe sein. Vielleicht nähen Sie sich Tanzsäcke in einer anderen Form oder in einer Größe, in die zwei Kinder hineinpassen?
- » Sie können andere Materialien und Gegenstände mit dazunehmen und damit ein Spiel mit den Tanzsäcken entstehen lassen, z.B. Jongliertücher, Reifen, Pezzibälle, Springseile, große Pappkartons, Stoffbahnen, Stühle etc.:

114

Ideenbörse 10

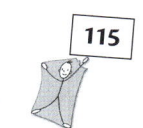

115

Der Tanzsack geht rum
Spielen, Gestalten und Darstellen mit dem Tanzsack

Manche Gegenstände eignen sich, mit in den Tanzsack hineingenommen zu werden, um so neue Formen entstehen zu lassen: Bälle in unterschiedlichen Größen, Hula-Hoop Reifen, Turnstäbe etc.

Welcher Gegenstand steckt hier mit im Tanzsack?

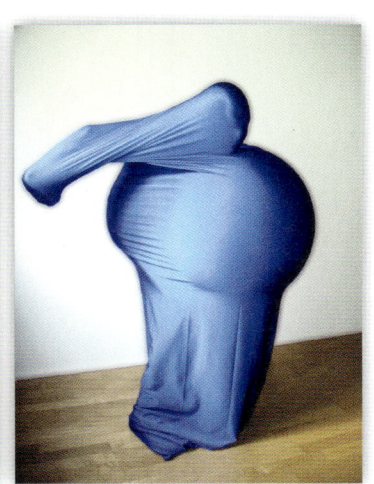

Ideenbörse 10

Auflösung >>

117

Der Tanzsack geht rum
Spielen, Gestalten und Darstellen mit dem Tanzsack

Welcher Gegenstand ist nun mit im Tanzsack?

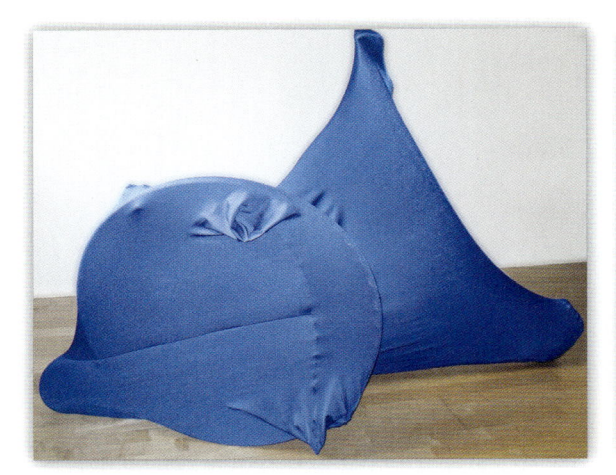

Auflösung >>

Ideenbörse 10

Welcher Gegenstand ist hier mit im Tanzsack?

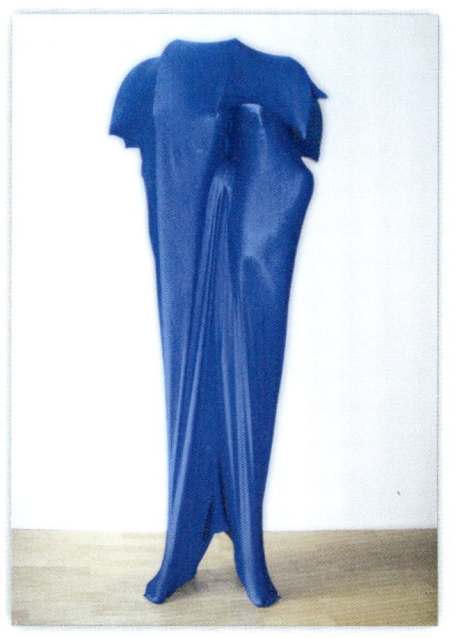

Auflösung ⌄

119

Der Tanzsack geht rum
Spielen, Gestalten und Darstellen mit dem Tanzsack

Sie können Gegenstände nicht nur mit in den Tanzsack nehmen, sondern sie auch außerhalb einsetzen: Tanzsäcke mit Hut und Schuhen!

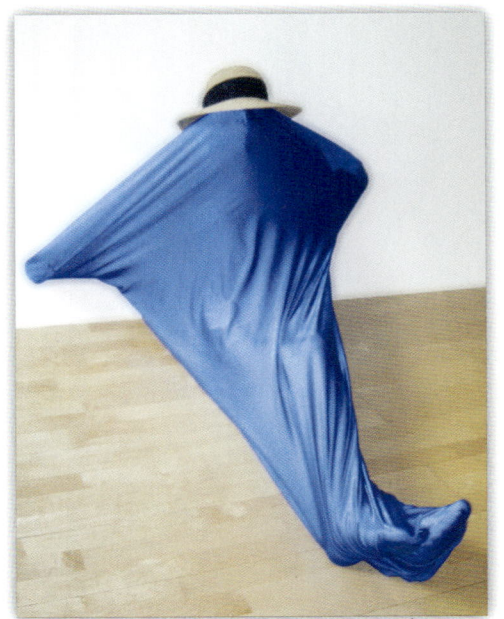

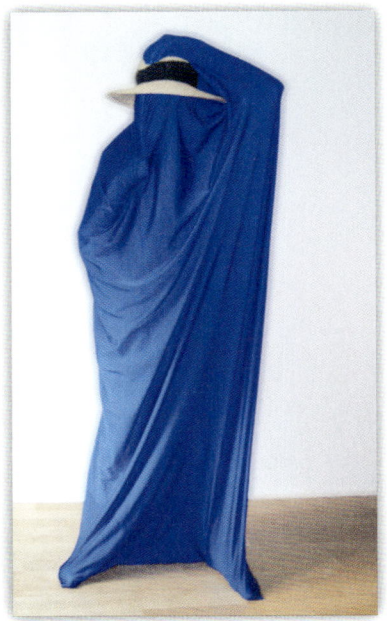

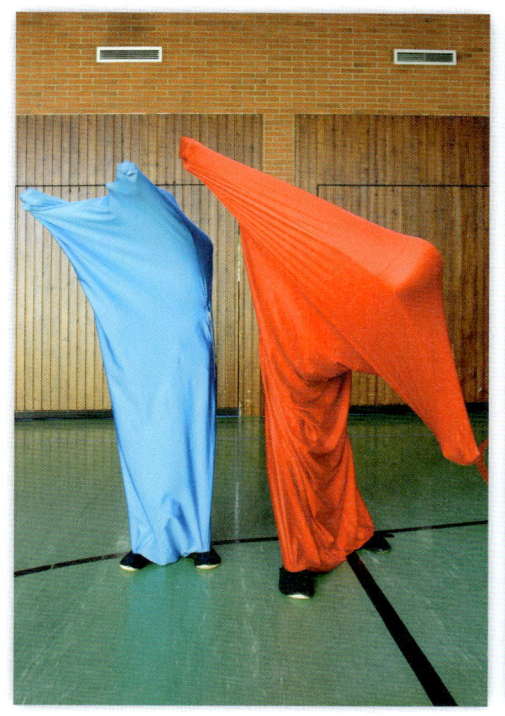

Sie kommen bestimmt noch auf ganz andere Ideen! Viel Spaß beim Spielen und Ausprobieren mit dem Tanzsack.

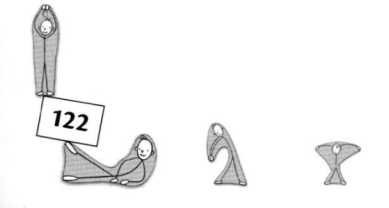

11

Anhang

Nähanleitung und Pflege von Tanzsäcken

Der Tanzsack lässt sich mit wenig Aufwand gut selbst nähen. Am besten ist es, wenn Sie Eltern um Unterstützung bitten. Auf diese Weise können Sie schnell Tanzsäcke in Klassen- oder Gruppenstärke herstellen.

Das brauchen Sie:

>> Lycra bi-elastisch (Badeanzugstoff)
   Verbrauch: Am einfachsten ist es, wenn Sie Stoff kaufen, der eine Breite von 1,40 m hat. Die benötigte Stofflänge errechnen Sie dann wie folgt:
   Körpergröße des Kindes + 20 cm + 4 cm Nahtzugabe (Die Nahtzugabe ist wichtig, damit die Nähte nicht direkt an der Stoffkante, sondern im Abstand von 2 cm davon entlang gehen).
   Beispiel: Möchten Sie einen Tanzsack für ein Kind mit der Körpergröße 1,66 m nähen, brauchen Sie also einen Stoff der 1,40 m breit und 1,90 m lang ist.
>> Polyesternähgarn Stärke 10
   Verbrauch: ca. 1 Röllchen (100 m)
>> Reißverschluss, der sich ganz öffnen lässt. (Länge: Schulterbreite des Kindes + 30 cm). Sie können einen Reißverschluss, der zu lang ist, auch zuschneiden.
>> Arbeitsgeräte: Nähmaschine, Schere, Zentimetermaß, Reißverschlussfüßchen (nicht unbedingt erforderlich), Maschinennadeln für Stretchstoffe (nicht unbedingt erforderlich), Schneiderkreide oder ein Stück Seifenrest.

Das sollten Sie auf jeden Fall dabei beachten:

Nähen Sie den Stoff unter Spannung. Dabei empfiehlt es sich, bei Haushaltsmaschinen mit ganz leichter Zick-Zack Einstellung zu nähen, damit beim späteren Gebrauch genügend Spielraum in den Nähten vorhanden ist und Sie den Bewegungen des Stoffes nachgeben. Eine gerade Naht würde schnell reißen.

Arbeitsschritte:

1. Sie nähen den Tanzsack aus einem Stück Stoff. Schneiden Sie den Stoff zu (alle Beispielzeichnungen gelten für eine Körpergröße von 1,66 m). Legen Sie den Stoff mit der linken Seite nach oben und zeichnen Sie am gesamten Rand die Nahtzugabe im Abstand von 2 cm mit Schneiderkreide oder einem Stück Seifenrest auf den Stoff.

Länge 1,90 m
Breite 1,40 m
2 cm Nahtzugabe

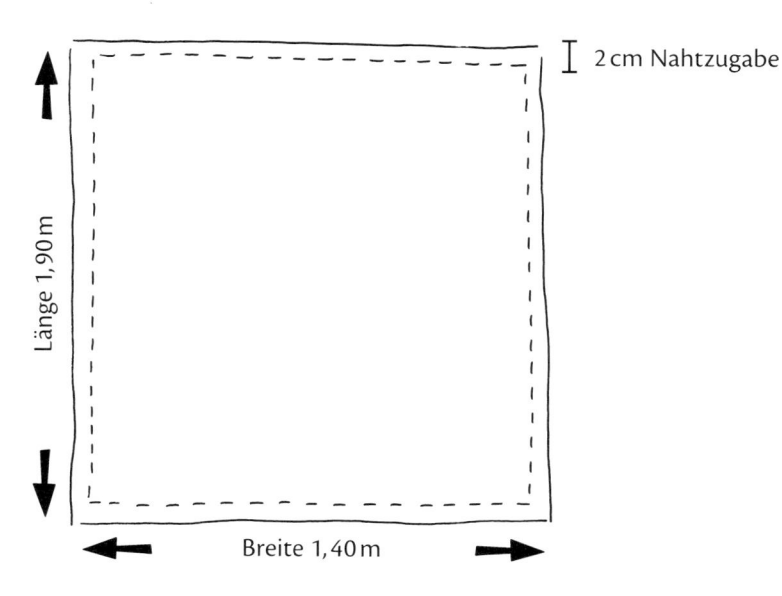

2. Markieren Sie mit Stecknadeln die Anfangs- und Endpunkte für den Reißverschluss (Maße siehe Zeichnung unten). Steppen Sie entlang der eingezeichneten Nahtlinie innerhalb der Reißverschlussmarkierung einen gut sichtbaren Faden ein. So übertragen Sie die Linie auf die rechte Stoffseite. Drehen Sie den Stoff mit der rechten Seite nach oben. Öffnen Sie den Reißverschluss ganz, sodass Sie zwei Teile haben. Legen Sie diese auf die jeweils markierten Stellen. Dabei liegen die Reißverschlusszähne zur Mitte, direkt vor der eingesteppten Nahtlinie. Steppen Sie die Teile zuerst mit der Hand vor, nähen Sie sie danach mit der Maschine fest. Ziehen Sie dann den eingezogenen Markierungsfaden heraus.

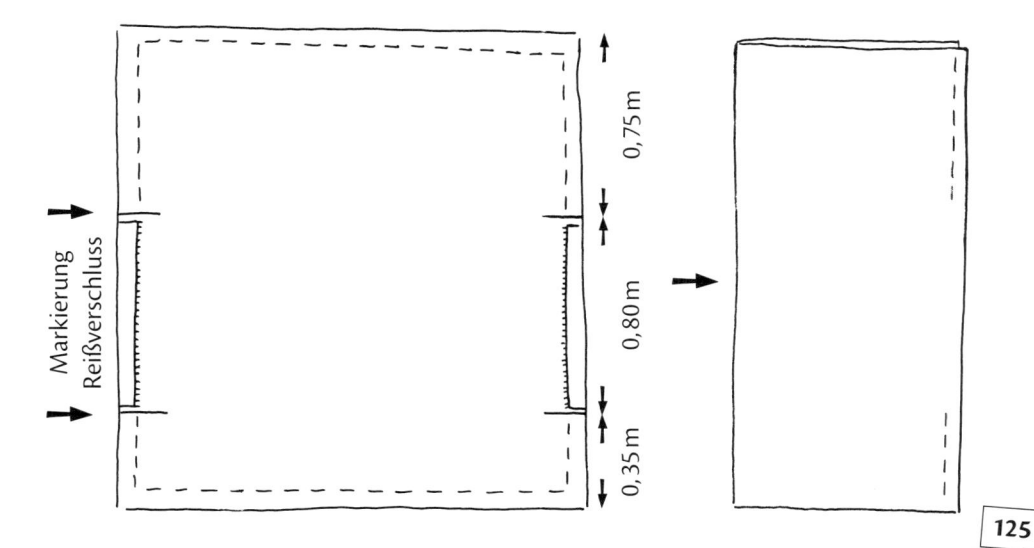

Markierung Reißverschluss
0,75 m
0,80 m
0,35 m

Der Tanzsack geht rum
Spielen, Gestalten und Darstellen mit dem Tanzsack

3. Legen Sie den Stoff auf die Hälfte zusammen (rechte Stoffseite mit Reißverschlussteilen liegt innen). Stecken Sie die Stoffseiten mit Stecknadeln entlang der Nahtlinie fest. Nun ziehen Sie den Reißverschluss zu und nähen die Stoffkanten oberhalb und unterhalb von ihm auf der Nahtlinie zusammen. An Anfang und Ende jeder Naht nähen Sie (max. 1 cm) einmal vor und zurück, um die Naht zu vernähen.

4. Legen Sie nun den genähten Stoff entsprechend der Zeichnung hin. Die rechte Stoffseite liegt weiterhin innen. Nähen Sie zum Schluss die kurzen Nähte oben und unten auf der Nahtlinie zusammen. Stecken Sie sie vorher mit Stecknadeln fest.

5. Der Tanzsack ist fertig. Öffnen Sie den Reißverschluss und drehen Sie den Stoff auf rechts.

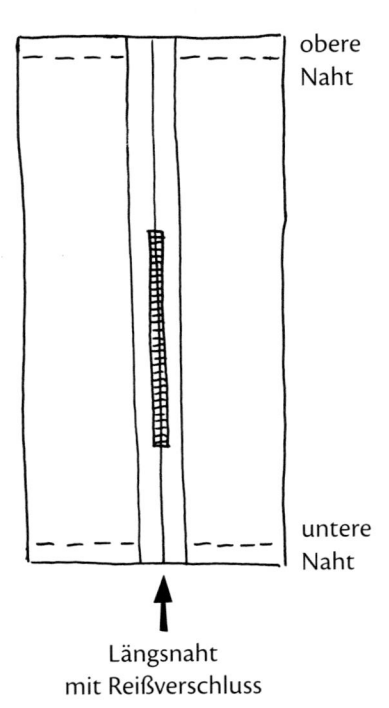

obere Naht

untere Naht

Längsnaht mit Reißverschluss

Tipp zur Tanzsackgröße

Wenn Sie die Tanzsäcke selbst nähen, brauchen Sie diese nicht individuell für jedes einzelne Kind Ihrer Gruppe anzufertigen. Wählen Sie zwei bis drei Maßeinheiten aus, die der durchschnittlichen Körpergröße der Kinder entsprechen. Da der Stoff sehr elastisch ist, passt er sich bis zu einer gewissen Grenze der jeweiligen Körpergröße an. Wenn das Kind im Tanzsack die Figur „Wand" einnehmen kann, ohne durch die Spannung des Stoffes behindert zu werden und ohne dass der Stoff große Falten wirft, hat der Tanzsack die richtige Größe.

Tipps zur Pflege

Bei geringer Verschmutzung reicht ein ausgiebiges Lüften an der frischen Luft. Beim Waschen gilt die gleiche Regel wie für Badesachen: 30° Buntwäsche und auf keinen Fall in den Wäschetrockner!

Über die Autorin

Heidemarie Deutsch ist Erzieherin und hat die ersten Jahre ihrer Berufstätigkeit im Kindergarten gearbeitet. Danach war es für sie wichtig, sich der Erziehung der eigenen, mittlerweile erwachsenen Söhne zu widmen.
Zu dem Blick auf die eigene Familie gehörte und gehört für sie der Blick nach Außen auf andere Familien. Das führte zur Mitarbeit in unterschiedlichen Kinder- und Jugendgruppen, sowie Mutter-Kind-Gruppen. Dies waren Bereiche, die ihrem eigenen Familienleben nahe waren und sich so gut miteinander verbinden ließen. Bereiche, in denen ihre Kinder groß werden konnten.
Auch die Gründung, der Aufbau und die Arbeit im Zirkusprojekt „Schnick-Schnack" gehörte und gehört dazu. Hier arbeitet sie als pädagogische Leitung, Zirkustrainerin und Artistin mit. Familienleben und Berufstätigkeit sind bei ihr ebenso eng verknüpft wie Kreativität und Pädagogik.

Literaturtipps

Balster, Klaus:
Kinder mit mangelnden Bewegungs-erfahrungen. Teil 1 und 2.
Sportjugend im Landes Sport Bund Nordrhein-Westfalen e.V. (Hrsg.), 2003.
Teil 1: ISBN 3-932047-09-5
Teil 2: ISBN 3-932047-10-9

Byl, John:
Auf- und Abwärmen ohne Trott.
101 motivierende Übungen und Spiele für Kinder und Jugendliche. 8–15 J.
Verlag an der Ruhr, 2005.
ISBN 978-3-86072-938-0

Carpenter, Jeff:
Der Fitnesskurs für Kinder.
101 Spielebausteine für ein systematisches Aufbautraining. 6–12 J.
Verlag an der Ruhr, 2005.
ISBN 978-3-86072-939-7

Fischer, Renate:
Tanzen mit Kindern. Spielformen, Technik, Improvisation, Gestaltung.
Bosse Verlag, 1998.
ISBN 978-376492666-3

Mertens, Michael:
Sport und Spiel mit Alltagsmaterial.
630 Trainingsideen für Gruppe, Freizeit und Schule.
Verlag an der Ruhr, 2005.
ISBN 3-86072-987-X

Mit Kindern Schule machen:
Die Grundschulzeitschrift.
(Hrsg. Friedrich Verlag in Zusammenarbeit mit Klett) Heft 184, 19. Jahrgang, Mai 2005. Thema Tanzen.

Möller, Nicole:
Das Rollbrett. Eine Kartei mit Übungen und Spielen. 6–10 J.
Verlag an der Ruhr, 2003.
ISBN 978-3-86072-812-3

Neuber, Nils:
Kreative Bewegungserziehung – Bewegungstheater.
Meyer & Meyer Verlag, 2000.
ISBN 978-3-89899-035-6

Preuß, C.; Ruge, K.:
Alltagsgeräusche als Orientierungshilfen. Verlag an der Ruhr, 1998.
ISBN 978-3-86072-289-3

Reichel, Auguste:
Tanz dich ganz.
Ökotopia Verlag, 1999.
ISBN 978-3-931902-45-2

Reichling, U.; Wolters, D.:
Hallo, wie geht es dir?
Gefühle ausdrücken lernen. 5–10 J.
Verlag an der Ruhr, 1994.
ISBN 978-3-86072-180-3

Schneider, M.; Schneider, R.; Wolters, D.:
Bewegen und Entspannen im Jahreskreis. Kiga/GS.
Verlag an der Ruhr, 1996.
ISBN 978-3-86072-244-2

Schneider, M.; Schneider, R.; Wolters, D.:
Bewegen und Entspannen nach Musik.
Rhythmisierungen, Bewegung und Ausgleich in Kindergarten und Unterricht.
Verlag an der Ruhr, 1994.
ISBN 978-3-86072-150-6

Wetton, Pauline:
Tolle Ideen. Sportspiele. 5–11 J.
Verlag an der Ruhr, 1992.
ISBN 978-3-86072-011-0

Bezugsquellen für Tanzsäcke

Circus Schnick-Schnack e.V.
Roonstraße 22
44629 Herne
www.schnick-schnack.de

Sport-Thieme GmbH
Helmstedter Straße 40
38368 Grasleben
www.sport-thieme.de

Pappnase& Co.
Von Essen Straße 76
22081 Hamburg
www.pappnase.de

Musiktipps

Prokofieff, S./Saint-Saéns, C.:
Peter und der Wolf/Der Karneval der Tiere. Deutsche Grammophon, 1986.

Die Original-Lieder aus der Sendung mit der Maus. Deutsche Grammophon.
Folge 1, 1992. Folge 4, 1993.

Oldfield, Mike:
The Best of Mike Oldfield. Elements.
virgin records ltd, EMI electrola, 1993.

Tizol;D.; Ellington J.; Portman R.:
Chocolat.
Canada-Megaphon Importservice, 2005.

Internet-Links

www.daci-deutschland.de
Auf der Seite des daCi (Dance and the Child International) finden Sie Arbeitskreise aus verschiedenen Regionen für Tanz in der Schule.

www.lag-tanz.de
Hier finden Sie regionale Kursprogramme der Landesarbeitsgemeinschaft Tanz.

Die in diesem Werk angegebenen Internetadressen haben wir geprüft (Stand Juni 2008). Da sich Internetadressen und deren Inhalte schnell verändern können, ist nicht auszuschließen, dass unter einer Adresse inzwischen ein ganz anderer Inhalt angeboten wird. Wir können daher für die angegebenen Internetseiten keine Verantwortung übernehmen.

Verlag an der Ruhr

Alexanderstraße 54
45472 Mülheim an der Ruhr

Telefon 05 21 / 97 19 330
Fax 05 21 / 97 19 137

bestellung@cvk.de
www.verlagruhr.de

Es gelten die Preise auf unserer Internetseite.

■ **100 Zirkusspiele und -improvisationen für Kinder**
Paul Rooyackers
4–12 J., 136 S., 16 x 23 cm, Paperback
ISBN 978-3-8346-0437-8
Best.-Nr. 60437
15,80 € (D)/16,25 € (A)/27,60 CHF

■ **Laufen, werfen, balancieren**
111 Spiele-Hits zur Motorikförderung
Ronald Dienstmann
6–10 J., 176 S., 16 x 23 cm, Paperback
ISBN 978-3-8346-0560-3
Best.-Nr. 60560
17,80 € (D)/18,30 € (A)/31,20 CHF

■ **Ruhe tut gut!**
Fantasiereisen, Bewegungs- und Entspannungsübungen für Kinder
Doris Stöhr-Mäschl
5–12 J., 101 S., 16 x 23 cm, Spiralbindung
ISBN 978-3-8346-0420-0
Best.-Nr. 60420
16,80 € (D)/17,30 € (A)/29,50 CHF

■ **Schwimm-Training – mehr als nur Bahnen ziehen**
60 neue Spiel- und Übungsformen
Christian Reinschmidt
8–16 J., 102 S., A4, Spiralbindung
ISBN 978-3-8346-0441-5
Best.-Nr. 60441
19,50 € (D)/20,– € (A)/34,20 CHF

Sport • Spiel • Entspannung